AKTIEN

FÜR EINSTEIGER

Profitables Anlegen leicht gemacht

Wie Sie mit sicheren Strategien und ohne Vorkenntnisse auch in Krisenzeiten an der Börse intelligent investieren und hohe Gewinne erzielen

INHALT

Vorwort 1

Die Grundlagen des Investierens 3

Was versteht man unter einem Investment? 3

Die Notwendigkeit des Investierens 7

Einführung 7

Die Inflation und wie Sie ihr entgegenwirken 8

Die Magie des Zinseszinseffektes 10

Aktive und passive Investments 14

Wodurch zeichnet sich ein gutes Investment aus? 16

Basiswissen Aktien 20

Was ist das, eine Aktie? 20

Warum geben Unternehmen Aktien aus? 21

Arten von Aktien 23

Aktiensplit und Aktienzusammenlegung einfach erklärt 28

Alles über Aktienindizes 30

ETFs: Die modernen Renditebringer 39

Was sind Aktienfonds? 41

Weitere Investitionsmöglichkeiten am Kapitalmarkt 44

Das Einmaleins der Börse 52

Wie funktionieren Börsen? 52

Der Börsengang einfach erklärt 55

Das sind die weltweit wichtigsten Börsen 57

Vorgestellt: Die Frankfurter Börse 60

Was Sie über Aktiendepots wissen sollten 63

Was sind Aktiendepots? 63

Weshalb Sie sich für ein online-Aktiendepot entscheiden sollten 65

Der große Aktiendepotvergleich 69
Die Kriterien für einen aussagekräftigen Vergleich 69
Vergleich ausgewählter Broker 71
Der Alltag am Kapitalmarkt: Lernen, mit Aktien umzugehen 78
Den Aktienkurs verstehen 78
Was sind die Einflussfaktoren auf den Aktienkurs? 80
Der Aktienchart 84
Den Aktienchart richtig lesen 84
Die Trendlinientheorie nach Dow 86
Aktienkennzahlen für Investitionen 88
Aktienstrategien für die einfache Anwendung 95
Ihr persönliches Start- und Investitionskapital bestimmen 103
So könnte Ihr erstes Portfolio aussehen 106
Diese Fehler sollten Sie unbedingt vermeiden 115
Der Aktienkauf in der Praxis: Wie Sie Aktien über Ihren Broker erwerben 117
Extra: Einführung in das Trading 121
Schluss 124
Notizen 126
Quellen 130

Vorwort

Herzlich Willkommen in meinem großen Buch über Aktien. In diesem Buch werden Sie lernen, wie Sie sich dem Kapitalmarkt und speziell Aktien öffnen. Dafür ist es egal, ob Sie bereits Vorwissen besitzen oder ob Investitionen für Sie bisher ein Fremdwort waren: Hier erfahren Sie alles, was Sie für den Einstieg benötigen, und darüber hinaus noch vieles mehr.

Generell zielt mein Buch darauf ab, stets alle Seiten der verschiedenen Investitionsmöglichkeiten und Aspekte des Kapitalmarktes zu beleuchten, damit auch im Detail der Nerv getroffen wird, der Sie interessiert. Dafür erhalten Sie einen leichten Einstieg in die Grundlagen von Investments. Wie nutzen Sie den Zinseszinseffekt bestmöglich aus? Wie lassen sich aktive und passive Investments voneinander unterscheiden? Woran erkennen Sie, was ein gutes Investment sein könnte?

Diese und weitere Fragestellungen sind es, die Sie durch das erste Kapitel leiten. Damit der Einstieg in das Thema Aktien erleichtert wird, habe ich die beiden Hauptkapitel aufgesplittet. Zunächst erfahren Sie Grundlagenwissen zu Aktien, von welchem Sie an der einen oder anderen Stelle vielleicht schon gehört haben. Beispielsweise dann, wenn es um die Motivation hinter Aktien auf Unternehmensseite geht oder darum, was Aktienfonds und Aktienindizes sind.

Bevor so richtig in den Kapitalmarkt eingestiegen wird, habe ich mich entschieden, den Börsen ein eigenes Kapitel zu widmen, um zwischen den vielen Erläuterungen zu Aktien und weiteren Finanzprodukten für etwas frischen Wind zu sorgen. Das bietet Ihnen die Möglichkeit, Luft zu holen und sich im Anschluss besser auf das zweite Hauptkapitel des Buches zu konzentrieren. In diesem lernen Sie, wie Sie den Alltag am

Kapitalmarkt managen. Dazu gehört der Umgang mit Aktiendepots und dem Aktienchart sowie Beispiele für ein erstes Portfolio, welches ich an Sie als Empfehlung weitergebe. Sobald Sie über dieses Wissen verfügen, soll es in einem prägnanten Abschnitt darum gehen, wie ein Aktienkauf in der Praxis aussieht, damit Sie für Ihren Start am Kapitalmarkt gut vorbereitet sind. Als Extra und Vorausschau auf weiterführende Artikel habe ich Ihnen ein Kapitel über Trading verfasst, welches den Anspruch erhebt, Sie für das Trading zu begeistern, sodass Sie einen Teil Ihres Kapitals auch dafür verwenden können. Die Vorteile dessen werden Sie aufgrund des zuvor erlangten Wissens sehr gut nachvollziehen können, das verspreche ich Ihnen.

Nun bleibt mir nur noch, Ihnen viel Spaß beim Lesen, Verstehen und Umsetzen meiner Ausführungen zu wünschen!

Die Grundlagen des Investierens

WAS VERSTEHT MAN UNTER EINEM INVESTMENT?

Investments begleiten den Menschen sein gesamtes Leben lang. Dabei drücken sie sich jedoch nicht immer in Form von Geldanlagen oder anderen Kapitalerträgen aus, sondern können von ganz unterschiedlicher Natur sein. So können es beispielsweise Investitionen sein, welche vor allem Zeit als Opfer bringen, wie zum Beispiel in einer Liebesbeziehung.

Sie investieren Ihre Zeit und Mühe in die Partnerschaft und erhoffen sich – rein nutzenorientiert gedacht – glückliche Momente und größere Zufriedenheit. Ähnlich verhält es sich bei Investitionen in materielle Gegenstände, von denen Sie keine Wertsteigerung erwarten, da Sie diese zum Gebrauch gekauft haben. So stellt der Kauf eines Autos, welches Sie hauptsächlich für den täglichen Weg zur Arbeit und für den Wocheneinkauf nutzen, eine Investition dar. Es wird in einer Weise dafür gezahlt (in diesem Fall mit Geld), dass in Zukunft etwas verbessert wird. In diesem Beispiel wird vermutlich der Fahrtweg verkürzt und eine weitreichende Erleichterung des Alltags erreicht.

Doch genug mit dieser entschieden zu pragmatischen Herangehensweise. Nicht jede Entscheidung des täglichen Lebens durchläuft einen langen Entscheidungsprozess, welcher mit der Frage abschließt, ob sich das Investitionsobjekt nun lohnt oder nicht. Lieben Sie Ihren Partner, dann möchten Sie mit ihm oder ihr zusammen sein, ganz einfach. Sie werden versuchen, die vorhandenen Hürden mit aller Macht zu meistern. Doch manche Investitionsentscheidungen bedürfen einer präzisen

Abwägung darüber, ob es der Aufwand wert ist und sich die Investition rechtfertigt. Häufig befindet man sich dann im Bereich finanzieller Investitionen.

Es könnte in etwa die Frage gestellt werden, ob sich der finanzielle Aufwand für den neuen Kochtopf für die Küche lohnt, da der alte Topf an den Henkeln die Hitze leider nicht isoliert und ständig zu heiß ist, um ihn richtig anzufassen. Sie werden sich überlegen müssen, inwieweit ein neuer Topf den Geldaufwand wert ist, da der alte ja dennoch funktioniert. Ausgenommen davon sind in diesem Fall persönliche Empfindungen, da die schöne Farbe des neuen Topfes hier außen vor bleibt. Es zählt allein die Nützlichkeit, also: Lieber weiterhin die Hand am Henkel verbrennen, weil Sie vergessen haben, den Topflappen dafür zu benutzen, oder 20 Euro für einen neuen Topf aufwenden, der im Grunde genommen dieselbe Arbeit verrichtet? Schließt man persönliche Interessen und Vorlieben aus, kann auch eine solche Entscheidung bereits schwerfallen.

Ich hoffe, Sie haben anhand meines Einleitungsbeispiels bemerkt, wie häufig Menschen im Alltag vor Entscheidungen stehen, die nichts anderes als viele kleine Investitionsentscheidungen darstellen. Sie geben etwas und bekommen dafür etwas zurück. Ein großartiges Konzept, welches sich auch auf die finanzielle Ebene übertragen lässt.

Dabei handelt es sich bei den zu gebenden Dingen und denen, die Sie erhalten können, fast immer um Geld oder eine umgewandelte Form des Geldes, zum Beispiel in der Variante Wertpapiere oder materielle Wertanlagen. Neben Aktien, um die es in diesem Buch hauptsächlich gehen soll, möchte ich Ihnen vorab noch weitere Investmentmöglichkeiten vorstellen, die Sie zumindest einmal gehört haben sollten, bevor Sie sich in den Alltag am Kapitalmarkt stürzen. Denn Sie werden während des Lesens und Verfolgens meiner Ausführungen merken, dass das alleinige Halten von Aktien als einzige Wertanlage niemals zum größtmöglichen

Erfolg führen wird. Mit Hilfe von P2P-Krediten wird es privaten Anlegern ermöglicht, Kredite für Einzelpersonen mit geringem Umfang auszustellen. Das Konzept funktioniert wie folgt: Sie als Anleger investieren eine bestimmte Summe, indem Kreditnehmer einen geringen Teil davon aufnehmen. Die Renditen sind dabei im Durchschnitt vergleichsweise hoch, da das Risiko einer Insolvenz des Kreditnehmers stets mitschwingt.

Ihr investiertes Kapital wird dann meist in viele kleine Teile, oft 20 oder 50 Euro-Fragmente, aufgeteilt und an verschiedene Kreditnehmer für ähnliche Zinsen verkauft. Welche Risiken bietet diese moderne Geldanlageform, welche den Job einer Bank als Kreditvermittler vollkommen auf eine Onlineplattform beschränkt?

Zum einen droht ein Komplettverlust des verkauften Kredits durch einen insolventen Kreditnehmer, insbesondere, wenn das Geld nicht ausreichend diversifiziert wurde, also in genügend kleine Teile aufgeteilt worden ist. Des Weiteren ist es nicht selten, dass die Plattformen, welche oft noch junge Unternehmen sind, nicht nachhaltig gewirtschaftet haben und ihre Kosten nicht mehr decken können. Die Folge: Insolvenz und Verlust Ihres eingezahlten, aber nicht in Kredite investierten Geldes. Im Optimalfall handelt es sich hierbei um sehr geringe Summen. Diese beiden Risikofaktoren machen Investitionen in P2P-Kredite zu einem sehr risikoreichen Investment, welches jedoch mit hohen Renditen oft über zehn Prozent lockt.

Sicher wissen Sie bereits, dass das Immobiliengeschäft seit Jahrzehnten von wohlhabenden Anlegern genutzt wird, um große Summen Kapital rendite- und verlustsicher anzulegen. Der Immobilienmarkt ist für sein stetiges Wachstum bekannt und birgt zudem kaum Risiken, da es sich bei Häusern und Eigentumswohnungen um ein wertvolles Gut handelt, welches – wenn überhaupt – nur langsam an Wert verliert, die Nachfrage wird kaum geringer. Doch die meisten Privatanleger können keine Summen in sechs- oder siebenstelligen Bereichen aufbringen.

Deshalb wurde das sogenannte Crowd-Funding erfunden, welches privaten Anlegern ermöglicht, bereits mit vergleichsweise wenig Kapital in den Immobilienmarkt einzusteigen. Es wird die Kraft vieler kleiner Anleger genutzt, die sich zusammen an den Immobiliengeschäften einer Agentur beteiligen. Mit Hilfe des eingezahlten Geldes werden so vielversprechende Immobilien erworben und für die Rendite der Anleger gesorgt. Geworben werden mit bis zu fünf Prozent Rendite bei Laufzeiten von meist einem bis fünf Jahren. Ein eher konservatives Geschäft also.

Weiterhin möchte ich Ihnen noch die Möglichkeit näherbringen, von Wertsteigerungen aus materiellen Anlagen zu profitieren. Was könnte das beispielsweise sein? Nun, das Feld ist sehr weit gefasst. Generell gilt, dass die Nachfrage nach dem betreffenden Produkt vorhanden sein muss und es sich deshalb erwarten lässt, dass in den nächsten Jahrzehnten eine starke Preissteigerung erfolgen könnte. Vorstellbar wäre das beispielsweise bei originalverpackten Videospielen, welche bereits heute kräftig gehandelt und nach Zustand bewertet werden. Teilweise werden dabei manche der beliebten Mario-Spiele, die noch vor dem 21. Jahrhundert erschienen sind, für mehrere Tausend Euro verkauft.

Das soll jedoch nur ein Beispiel sein und Ihnen an erster Stelle Inspiration liefern, denn möglich sind diese Wertentwicklungen bei fast allen materiellen Gegenständen. Wichtig ist, dass Sie sich als Anleger mit dem Produkt auskennen und zumindest abschätzen können, inwieweit sich eine Wertsteigerung erhoffen lässt. Weitere Beispiele sind unter anderem original signierte Autogrammkarten, Weine oder alte Bücher. Meist ist der Wert, den das Produkt für den Sammler hat, für Laien nicht begreifbar. Und das ist die große Chance dieses Investments. Nachteile zeigen sich unter anderem bei der Aufbewahrung und Unversehrtheit der Artikel nach vielen Jahren sowie bei der Bindung des Kapitals über diese enorm langen Zeiträume. Zu guter Letzt möchte ich noch auf Edelmetalle aufmerksam machen, welche insbesondere bei sehr wohl–

habenden Anlegern einen unverzichtbaren Anteil des Portfolios darstellen. Der Grund dafür liegt auf der Hand: Sie gelten als besonders krisensicher. Experten wissen, dass die klassischen Edelmetalle, wie beispielsweise Gold und Silber, ihre Kaufkraft in den letzten 100 Jahren stets bestätigt haben und dabei Kriege, Hungersnöte und Wirtschaftskrisen überstanden haben.

Anleger nutzen diese Edelmetalle und teilweise auch Rohstoffe wie Erdöl dazu, ihr Portfolio stärker zu diversifizieren, um den Wert auch in Krisenzeiten zu erhalten. Wirkliche Renditen bieten die meisten Edelmetalle und Rohstoffe jedoch nicht – zumindest nicht, wenn man sie mit modernen Alternativen wie Aktien, Fonds oder ETFs vergleicht. Dennoch haben sie auch heute noch eine große Bedeutung für sicherheitsbewusste Anleger.

In den folgenden Kapiteln dieses Buches wird es sich nun weniger um alternative Anlagemöglichkeiten drehen als um Investitionen in Aktien. Ihnen wird sicherlich bereits bewusst sein, dass ein Aktienkauf auf verschiedene Weise erfolgen kann und mit Hilfe der unterschiedlichsten Produkte, seien es Optionsscheine, Derivate oder Exchange Traded Funds, welche meist nur kurz als ETFs abgekürzt werden. Seien Sie gespannt auf die Möglichkeiten, die Ihnen die Welt des Kapitalmarktes bietet.

DIE NOTWENDIGKEIT DES INVESTIERENS

Einführung

Es ist jeder Person selbst überlassen, ob sie finanzielle Investitionen tätigt oder nicht. Das stimmt und ist auch gut so, immerhin darf man ja selbst entscheiden, was für einen das Richtige ist und was nicht. Dennoch bin ich der Meinung, dass man von der wirtschaftlichen Gesamtsituation dazu gezwungen wird, Geld zu sparen, um so unabhängig wie möglich zu sein. Weshalb denke ich so? Einerseits ist bereits jetzt stark zu erkennen, dass die gesetzlichen Renten trotz jahrelanger Arbeit teilweise nicht ausreichen, um auch später ein erfülltes Leben zu führen und seinen Lebensabend zu genießen. Stattdessen ist es nicht selten, dass Rentner weiterhin kleinere Jobs ausüben oder gar vor dem Konzert oder dem Fußballspiel Pfandflaschen sammeln, während sich die Gesellschaft vergnügt. Mir ist bewusst, dass es sich hierbei um Extrembeispiele handelt, dennoch sieht die Realität so aus. Und Realität ist auch, dass insbesondere Politiker und politisch Engagierte eine Reform des Rentensystems fordern, welches zunehmend überlastet ist.

Denn das hat zur Folge, dass das Rentenalter weiter steigt und die gezahlten Beiträge niedriger werden. Meiner Meinung nach ist es daher nicht ausreichend sicher, sich nach seinem Berufsleben auf die staatliche Rente zu verlassen und diese mit nur wenigen Ersparnissen anzutreten. Allein die Altersvorsorge sollte deshalb ausreichen, Menschen davon zu überzeugen, Investments zu tätigen und sich ein kleines Vermögen aufzubauen.

Dennoch tickt – glücklicherweise – nicht jeder Mensch gleich und manch einer ist mehr darauf bedacht, bevor das Rentenalter erreicht ist, ausreichend Geld zu besitzen, um die Vorzüge des Lebens ausschöpfen zu können, solange man noch gesund ist. Welche Herangehensweise die Ihre ist, kann ich nicht sagen. Fest steht aber: Beide Varianten verlangen, dass nicht genutztes Kapital investiert wird. Die Folgen möchte ich Ihnen im nächsten Abschnitt genauer erläutern. Hier werden Sie bemerken, dass das Wirtschaftssystem Sie durch die schleichende Inflation regelrecht zwingt, Investments zu tätigen und Renditen zu generieren.

Die Inflation und wie Sie ihr entgegenwirken

Geld ist nicht gleich Geld. Dieses Sprichwort soll genau auf die Inflation zutreffen, doch inwiefern? Erinnern Sie sich an den Geschichtsunterricht aus der Schule, bei dem mit Sicherheit der Zweite Weltkrieg und dessen Folgen behandelt wurden? Aufgrund der hohen Kriegskosten mussten die Staatsausgaben nach dem Krieg zunehmend mit gedrucktem Geld gedeckt werden, sodass sich der Wert des bereits vorhandenen Geldes drastisch verringerte. Im Jahr 1923 platzte diese Blase und eine neue Währung wurde eingeführt, die Rentenmark bzw. später die Reichsmark. Denn zuvor wurden Produkte immer mehr wert und Geld immer weniger, bis ein Brötchen beim Bäcker plötzlich mehrere Tausend Mark kostete und ein Brot sogar in den Millionenbereich hineinragte. Man hat Bilder vor den Augen, wie Menschen mit Schubkarren voller Geld einkaufen gingen und hofften, dafür eine Handvoll Lebensmittel zu erhalten.

Dieses Extrembeispiel soll Ihnen dabei helfen, die Theorie der schleichenden Inflation zu verstehen, auch wenn es bei dieser nie zu einem solchen Ausnahmezustand kommen wird. Grundsätzlich wird Geld, in diesem Fall der Euro, in Deutschland rund zwei Prozent weniger wert – und das jedes Jahr. Dies stellt einen sehr gesunden Wert dar und lässt sich darauf begründen, dass leicht steigende Einkommen den Konsum ankurbeln und mehr Geld im Umlauf für Wirtschaftswachstum sorgt.

Diese Folgen sind jedoch mit Vorsicht zu genießen, denn sinkt die Inflationsrate auf unter null Prozent, handelt es sich um eine Deflation und die Wirtschaftsleistung lässt nach, genauso, wie Produkte immer günstiger werden und die Währung immer wertvoller. Doch genug der Theorie: Wir wissen, dass sich der Euro und somit das eigene Geld ständig entwertet – jährlich um knapp zwei Prozent. Welche Schlüsse zieht der Anleger daraus?

Die Rendite einer Investition soll bitte schön die Inflationsrate übersteigen und für Gewinne sorgen, anstatt dass sich das Geld entwertet. Doch wie genau wirkt sich denn diese Entwertung des eigenen Geldes aus? Nehmen Sie beispielhaft an, Sie stünden vor der Entscheidung, zum jetzigen Zeitpunkt 5.000 Euro in Aktien zu investieren oder das Geld zu behalten, weil Sie es möglicherweise in der nächsten Zeit für Notfälle brauchen könnten. Behalten Sie das Geld in bar zu Hause oder auf einem Girokonto, welches so gut wie keine Zinsen abwirft, entwertet es sich in der nächsten Zeit. Nutzen Sie es ein Jahr lang nicht, handelt es sich nach Ablauf der Zeit zwar weiterhin um 5.000 Euro, jedoch ist dessen Kaufkraft um die Inflationsrate von 1,7 Prozent (im Jahr 2019) gesunken. Gemessen wird dieser Wert traditionell anhand eines Warenkorbs aus den verschiedensten Produkten, darunter Lebensmittel, Luxusgüter und auch Autos.

Mathematisch gesehen können Sie sich nach einer Nichtverwendung von 5.000 Euro über ein gesamtes Jahr hinweg danach nur noch Waren kaufen, die Sie im Jahr zuvor bereits für 4.915 Euro hätten erwerben können, gemessen anhand der Inflationsrate von 1,7 Prozent. Für einen Zeitraum von fünf Jahren und einer angenommenen konstanten Inflationsrate von zwei Prozent würden die 5.000 Euro auf einen realen Wert von 4.519,60 Euro sinken. Errechnet wird dies durch das fünffache Multiplizieren des Starkapitals mit 0,98, also 100 Minus der Inflationsrate.

Anhand dieses einfachen Beispiels haben Sie bemerkt, wie real die Gefahr einer schleichenden und stets bestehenden Inflation ist und dass eine Rendite von zwei Prozent diese lediglich ausgleicht – also den Wert Ihres Vermögens sichert. Doch langfristig lautet das Ziel eindeutig: Vermögenszuwachs. Deshalb werde ich Ihnen im nächsten Abschnitt das Konzept des Zinseszinseffektes erläutern.

Die Magie des Zinseszinseffektes

Beginnen möchte ich diesen Abschnitt mit dem Fazit. Es lautet: Investieren Sie jetzt und warten Sie nicht länger! Jeder verstrichene Tag bedeutet ungenutztes Potenzial und Wertverlust Ihres Vermögens. Doch nun zur Erklärung: Wie komme ich auf so ein Fazit? Wodurch lässt es sich begründen?

Im Grunde genommen ist es ganz einfach. Je früher Sie anfangen, Geld zu investieren und Renditen zu generieren, desto eher besitzen Sie mehr Geld, um mit den erwirtschafteten Gewinnen weitere Gewinne einzufahren. Soll es sich zu einem bestimmten Zeitpunkt Ihres Lebens um ein kleines Vermögen handeln, ist jeder eher angefangene Tag von Bedeutung. Den Hintergrund bietet der Zinseszinseffekt, welcher insbesondere zum Ende der Laufzeit dafür sorgt, dass sich das Kapital rasch vermehrt.

Ich gehe erneut von den vorhandenen 5.000 Euro als Startkapital für Investitionen aus. Des Weiteren ist es Ihnen beispielhaft möglich, aufgrund Ihrer Einkünfte monatlich 200 Euro zu sparen und in Ihr Portfolio zu investieren. Dieses besteht zu einem Großteil aus verschiedenen Aktien (Sparrate: 100 Euro monatlich), einem weltweiten ETF (Sparrate: 50 Euro monatlich) und einem Anteil an P2P-Krediten (Sparrate: 50 Euro monatlich). Das Startkapital haben Sie ebenfalls auf dieses Portfolio aufgeteilt, sodass 60 Prozent (3.000 Euro) in Aktien bzw. Aktienfonds investiert wurden, 1.000 Euro in die ETFs und mit den restlichen 1.000 Euro haben Sie über verschiedene P2P-Plattformen Kredite in kleinen Stückchen vergeben.

Sie stehen nun vor der Überlegung, wann Sie sich von Ihren Ersparnissen einen Wunsch erfüllen können und wie dieser aussehen könnte. Dafür ist es notwendig, einen Renditeplan zu erstellen, welcher Ihnen die Chancen Ihres Portfolios aufzeigt und möglichst realistisch berechnen soll, wie hoch die Gewinne ausfallen werden.

Dafür nutze ich in diesem Beispiel zum einen eine Laufzeit von zehn Jahren, danach eine Laufzeit von 20 Jahren. Mit Hilfe der gesamten Aktienstruktur lässt sich eine Rendite von durchschnittlich sechs Prozent jährlich erwarten, der ETF legte in den vergangenen Jahren eine Performance von vier Prozent Steigerung jährlich hin und die P2P-Kredite können bereits halbjährlich verzinst werden, da die Laufzeiten meist recht kurz sind. Unter Einbeziehung der Insolvenz einer von vielen genutzten Plattform und dem Ausfall von zehn Prozent aller gegebenen Kredite erreicht diese Investition acht Prozent Zinsen – und das halbjährlich. Ein beachtlicher Wert, der dafür jedoch mit hohem Risiko verbunden ist.

Für die Berechnung des Zinseszinseffektes wird das Portfolio nun gesplittet. Die Investitionen in Aktien erreichen jährlich sechs Prozent Zinsen, sodass im ersten Jahr bei einem Startkapital von 3.000 Euro und monatlichen Einzahlungen von 100 Euro insgesamt 4.200 Euro zu sechs Prozent verzinst werden. Nach einem Jahr beläuft sich der Wert der Aktien bereits auf 4.452 Euro. Es erfolgt eine erneute Einzahlung von 1.200 Euro, welche ebenso jährlich verzinst wird. Einfach berechnen können Sie dies mit einem Zinsrechner oder einem herkömmlichen Taschenrechner, wobei die erste Variante die deutlich einfachere darstellt.

Einen möglichen Zins- oder Sparrechner erreichen Sie unter folgendem Link: https://www.zinsen-berechnen.de/sparrechner.php.

Nach Eingabe der Daten erhalten Sie bei einer zehnjährigen Laufzeit ein Ergebnis von 21.703,55 Euro Ersparnis allein durch die Aktien. Die eingezahlte Summe beträgt dabei 15.000 Euro. Wie sieht das bei einer Laufzeit von zwanzig Jahren aus? Legen Sie nun einmal eine kleine Pause beim Lesen ein und schätzen Sie, wie viel es sein könnte. Als Tipp: Zusätzlich werden nun noch einmal insgesamt 12.000 Euro eingezahlt, welche jeweils jährlich verzinst werden. Des Weiteren werden auch die bereits angesparten 21.703,55 Euro verzinst. Was schätzen Sie, wie hoch wird die angesparte Summe sein?

Nach zwanzig Jahren Laufzeit und insgesamt eingezahlten 27.000 Euro beträgt die ersparte Summe unglaubliche 55.198,75 Euro. Der

Wert Ihres eingezahlten Geldes hat sich nun verdoppelt. Eine meiner Meinung nach sehr beachtliche Leistung und das, obwohl Sie monatlich lediglich 100 Euro und ein humanes Startkapital aufgewiesen haben.

Die Analyse der Entwicklung der anderen beiden Investitionen möchte ich nun kürzer gestalten. Der eher risikoärmere Sparplan des weltweiten ETFs erreicht eine Summe von 8.839,99 Euro bei einer Laufzeit von zehn Jahren, nach zwanzig Jahren sind es 20.445,09 Euro. Es wurde ein Kapital von 7.000 bzw. 13.000 Euro aufgewendet. Wenig verwundern sollten Sie die nun folgenden Gewinne der P2P-Kredite, welche aufgrund Ihrer Verzinsung zwei Mal jährlich eine theoretisch doppelt so lange Laufzeit aufweisen. Bereits nach zehn Jahren haben sich 11.332,99 Euro angesammelt, nach 20 Jahren sind es sogar 33.973,85 Euro. Der Kapitaleinsatz, Sie erinnern sich, war derselbe wie bei den Sparraten für den ETF.

Weshalb also bestätigt sich mein Fazit vom Beginn dieses Abschnitts? Der Zinseszinseffekt fängt erst richtig an, zu wirken, wenn die Laufzeit entsprechend hoch ist und genug Rendite erwirtschaftet wurde, sodass sie sich weiter vermehrt. Das Geld soll sprichwörtlich „für sich selbst arbeiten". Das geht aber nur, wenn Sie auch mit kleinen Beträgen so schnell wie möglich anfangen, zu investieren, ansonsten sind die Laufzeiten zu kurz. Damit Sie ein besseres Gefühl für Zinsen und Gewinne bei festen Sparraten und konstanten Zinsen erhalten – welche in der Praxis jedoch nicht in der Konstanz auftreten, wie ich sie hier vorausgesetzt habe –, empfehle ich Ihnen, sich ein wenig mit dem oben verlinkten Sparrechner auseinanderzusetzen. Und übrigens: Auch eine Laufzeit von 30 Jahren und länger ist nicht undenkbar. Überlegen Sie sich einmal, welch hohe Summen dann entstehen können.

Ergänzend möchte ich noch darauf aufmerksam machen, dass die gewählten Rechnungen stark vereinfacht von mir dargestellt wurden. Die Verzinsung der monatlich eingezahlten Beträge verläuft im

Normalfall nicht am Ende des Jahres, sondern monatlich. Das zieht nach sich, dass die Einzahlung aus dem Januar das gesamte Jahr über verzinst wird, die Einzahlung des Dezembers jedoch nur einen Monat lang. Da die Auswirkungen für den Zinseszinseffekt jedoch relativ unerheblich sind, habe ich dies nicht mit in die Berechnung mit einfließen lassen.

AKTIVE UND PASSIVE INVESTMENTS

Grundsätzlich lassen sich zwei Arten von Investments unterscheiden. Wie ich bereits im Kapitel „Was versteht man unter einem Investment?" erläutert habe, kann der Begriff „Investment" sehr weit gefasst werden. Neben Finanzanlagen zählen demnach auch Zeitinvestitionen und Dinge des alltäglichen Lebens in diese Kategorie. Die Unterscheidung zwischen aktiven und passiven Investitionen grenzt nun die Kategorie der Finanzinvestitionen voneinander ab, um die es in diesem Buch hauptsächlich geht.

Passives Investieren wird oft als der Standard verstanden, wenn an der Börse Geld angelegt wird. Anleger halten gewisse Aktien oder Fonds in ihrem Portfolio und hoffen auf Wertsteigerungen des Aktienkurses und Dividenden. Das schließt ein, dass bei einem kurzfristigen Kursverlust kein Verkauf der Anlagen erfolgt, sondern ein Ausharren bzw. Warten auf höhere Kurswerte. Der Anleger verwaltet sein Portfolio somit nicht aktiv, sondern setzt auf die gesamte Wirtschaftsleistung, welche im Normalfall kontinuierlich wächst. Ein passiv verwaltetes Portfolio bedient somit meist die sogenannte Buy-and-Hold-Strategie und diversifiziert sich in den häufigsten Fällen stark. Insgesamt entsteht aus den einzelnen Anlagen des Portfolios somit ein Zinssatz, der dem allgemeinen Marktzinssatz sehr nahekommt.

Im Gegensatz dazu stehen aktive Investments. Sie werden vom Anleger aktiv verwaltet und befinden sich somit ständig in Veränderung.

Das Portfolio unterliegt einer gewissen Dynamik und ihm liegt meist eine eindeutige Aktienstrategie zugrunde. Übrigens: Alles über verschiedene Aktienstrategien erfahren Sie ausführlich noch im weiteren Verlauf dieses Buches. Zurück zu den aktiven Investments. Welche Finanzprodukte lassen sich nun in diese Kategorie einordnen? Das lässt sich pauschal nicht beantworten, da mit nahezu jedem Finanzprodukt aktiv und passiv gehandelt werden kann. Ein Beispiel: Möglicherweise wissen Sie bereits, was ETFs sind. Wenn nicht, ist das nicht schlimm, denn dazu gibt es später noch mehr. Zunächst ist es lediglich wichtig, zu wissen, dass diese meist eine Übersicht verschiedener, einzelner Aktien abbilden und deshalb nicht aktiv von einem Manager verwaltet werden. Entscheidend für die Zuordnung im Index sind Kurswerte und Performance-Werte. Der größte Unterschied zu Aktienfonds besteht darin, dass hinter einem bestimmten Aktienfonds ein Manager steht, der die einzelnen Aktien ständig kauft und verkauft, um somit im Zusammenwirken der Aktien Gewinne zu erzielen.

Sie bemerken, dass ETFs generell passiv verwaltete und Aktienfonds generell aktiv verwaltete Produkte sind. Doch diese Einordnung ist nicht entscheidend für die Unterteilung von aktiven und passiven Investments, denn: Der Anleger kann dennoch selbst entscheiden, ob er einen bestimmten Fonds oder einen ETF kurz oder lang hält, das bedeutet, ob er ihn während eines hohen Kurswertes für viel Geld verkauft und das erworbene Kapital in andere Produkte steckt, welche größere Wachstumspotenziale bieten.

Allerdings ist es ihm auch selbst überlassen, das Produkt einfach zu behalten, die Schwankungen zu akzeptieren, mal zu hohen und mal zu niedrigen Kurswerten einzukaufen und somit im Durchschnitt den Marktzinssatz als Rendite zu generieren. Dann betreibt er ein passives Investment, um welches er sich nicht explizit kümmern muss. Merken Sie sich deshalb: Wollen Sie den Marktzins schlagen, geht dies bei passiven Investments nur mit hohem Risiko bei Anlagen, die generell ein großes Potenzial aufweisen, oder bei aktiven Investments mit Hilfe von Aktienstrategien bzw. dem sogenannten Trading.

Im Allgemeinen beschäftigen sich Experten zum Großteil mit aktiven Investments, da sie für die meisten Anleger deutlich interessanter erscheinen. Das liegt zum einen an der stärker variierenden Rendite, aber auch am individuellen gestaltbaren Risiko, welches eine große Rolle am Kapitalmarkt spielt, wie Sie im nächsten Abschnitt erfahren werden.

Das sind die Gründe, weshalb sich auch dieses Buch auf aktive Investments mit Aktien konzentriert, die passive Variante jedoch nicht vergisst. Der Hintergrund beruht darauf, dass Sie sich nicht zwischen den beiden Varianten entscheiden müssen, denn Ihr persönliches Portfolio ist vielfältig. So kann es beispielsweise einen Anteil von 50 Prozent passiver Investments enthalten, welche Ihnen zu hoher Wahrscheinlichkeit den Marktzins einbringen werden, und die andere Hälfte wird von Ihnen aktiv verwaltet, sodass auch höhere Gewinne möglich sind. Im großen Buch über Aktien soll jeder Anleger auf seine Kosten kommen.

WODURCH ZEICHNET SICH EIN GUTES INVESTMENT AUS?

In diesem Abschnitt möchte ich Ihnen eine meiner Meinung nach zentrale Theorie des Kapitalmarktes näherbringen, welche Sie stets im Kopf behalten sollten, wenn Sie selbst Investitionen tätigen und abschätzen müssen, ob sich diese für Sie lohnen. Zur besseren Visualisierung wird oftmals ein Dreieck genutzt, welches an den Ecken mit den drei wichtigen Begriffen Liquidität, Risiko und Rentabilität bezeichnet wird. Was hat es mit diesen drei Begriffen auf sich?

Die Liquidität beschreibt, wie schnell eine bestimmte Investition in bares Geld bzw. frei verfügbares Geld umgewandelt werden kann. Dieser

Faktor hängt also stark mit der Laufzeit des Projektes zusammen. Haben Sie schon einmal von Festgeldkonten gehört? Diese werden von Banken oder Sparkassen angeboten und bieten auch heutzutage noch Zinsen, jedoch nicht mehr als zwei bis drei Prozent, je nach Laufzeit. Dabei wird Ihr gespartes Geld eingefroren und für Sie erst nach Ablauf der eindeutig festgelegten Laufzeit wieder zugänglich gemacht. Da Sie innerhalb dieser oftmals drei bis fünf Jahre nur unter Zahlung von hohen Gebühren Zugriff auf Ihr Geld erhalten können, ist die Liquidität stark eingeschränkt. Anders ist dies beispielsweise bei Tagesgeldkonten, welche heutzutage mit gerade einmal 0,1 Prozent verzinst werden, was nicht im Ansatz die Inflationsrate ausgleicht. Doch warum sind die Zinsen im Vergleich zum Festgeldkonto so gering? Die Antwort liefert die Liquidität, welche hierbei im vollen Umfang vorhanden ist. Sie können jederzeit und für den gesamten Wert auf Ihr Geld zugreifen und es für den Alltag oder für Notfälle nutzen.

Und wie sieht es mit der Liquidität am Kapitalmarkt aus? Eigentlich ist es recht einfach, denn auf Ihr investiertes Geld können Sie zwar zu jederzeit zugreifen, indem Sie die erworbenen Wertpapiere oder andere erworbene Finanzprodukte verkaufen, jedoch kann der Wert der Produkte von Zeit zu Zeit stark variieren. Gelangen Sie in eine finanzielle Notlage, ist es möglich, dass die Kurswerte Ihrer Investitionen zum momentanen Zeitpunkt nicht sehr hoch sind und Sie kaum Gewinn, selten sogar Verluste generieren. Ein sofortiges Zugreifen auf die Werte wird daher nicht empfohlen, die Liquidität ist eingeschränkt.

Des Weiteren ist die Liquidität ebenso für das erneute Investieren des erwirtschafteten Kapitals wichtig. Wie Sie bereits im Abschnitt über den Zinseszinseffekt bemerkt haben, hat sich die Investition in die risikoreichen P2P-Kredite stark gelohnt. Neben der hohen Renditen war aber auch die gute Liquidität für den Erfolg verantwortlich, da das Geld bereits nach einem halben Jahr erneut verzinst werden konnte und die

Zinsperioden so deutlich kürzer waren. Aufgrund einer Halbierung der Zinsperiode konnte erreicht werden, dass das Geld doppelt so oft verzinst wurde, wie bei vergleichbaren Alternativen. Der Zinseszinseffekt konnte stärker genutzt werden. Dennoch bieten Aktien meist eine deutlich höhere Rendite als Festgeldkonten, obwohl sie bezüglich der Liquidität doch einen klaren Vorteil haben. Woran liegt das? Ich denke, Sie werden es bereits wissen, denn das Risiko ist allgegenwärtig. Neben der Liquidität spielt auch dieses eine enorm große Rolle, wenn es darum geht, wie viel Gewinn von der Investition erwartet werden kann. Risikoreiche Investitionen sind beispielsweise Derivate oder andere Hebelprodukte, allerdings können ebenso einzelne Aktienkäufe dazugehören.

Wieso? Stellen Sie sich vor, Ihr gesamtes Portfolio bestünde aus 100 verschiedenen Aktien, welche auf den unterschiedlichsten Märkten, in den verschiedensten Branchen aktiv sind und in denen alle denkbaren Größenklassen von Unternehmen vertreten sind, darunter Start-Ups ebenso wie Marktführer. Dieses Portfolio kann einen hohen Wertverlust einer einzelnen Aktie gut ausbalancieren, indem der restliche Teil des Portfolios Kurszuwächse verzeichnet. Was wäre nun aber, wenn Sie Ihr gesamtes Geld in lediglich eine einzige Aktie investieren und Ihr Vermögen nun davon abhängig ist, ob dieses Unternehmen erfolgreich oder weniger erfolgreich wirtschaftet? Dann handelt es sich um ein hohes Risiko, welches nicht durch weitere Aktien ausgeglichen wird.

Daraus ergibt sich, dass die Renditemöglichkeit dieser einzigen Investition deutlich höher ist als bei einem Zusammenspiel mehrerer Aktien. Und wie Sie bereits wissen, geht der Gewinn Hand in Hand mit dem Verlustrisiko. Das zuvor angesprochene Festgeldkonto bietet also deutlich weniger Zinsen als die meisten Aktien, weil kein Risiko vorhanden ist.

Nun komme ich zur Rentabilität, welche sich unweigerlich aus den beiden vorher erläuterten Faktoren zusammensetzt. Ein hohes Risiko steht für eine mögliche hohe Rendite, ebenso, wie eine schlechte Liquidität dafür steht. Finden Sie also eine Investition, welche trotz hoher Liquidität eine hohe Rendite verspricht, ist davon auszugehen, dass es sich hierbei um ein enormes Verlustrisiko handelt, siehe P2P-Kredite. Doch wie einfach wäre die Welt des Kapitalmarktes, wenn dieses Dreieck immer optimal ausbalanciert wäre?

Dann wäre es egal, welche Investition Sie tätigen, da sich bei einer gewissen Anzahl an Investitionen und auf Dauer Risiko, Rentabilität und Liquidität immer ausgleichen würden. Da dies jedoch nicht der Realität entspricht, ist Vorsicht geboten: Trotz verhältnismäßig niedriger Rentabilität kann eine Investition dennoch risikoreich sein, wenn bestimmte Faktoren nicht beachtet werden. Ebenso steht eine hohe Rentabilität nicht immer für Risiko im ausgeglichenen Maß.

Eine gute Investition sucht stets nach einem Zusammenspiel dieser Faktoren, welches ganz und gar nicht ausbalanciert ist, sondern auf bestimmten Seiten überwiegt. Optimalerweise ist das auf der Seite der Rentabilität. Um diese Anlagen zu finden, wurden Strategien, Kennzahlen und ganze Computersysteme entworfen, mit denen Berufstrader arbeiten.

Fühlen Sie sich schon jetzt ein wenig mehr wie ein echter Anleger am Kapitalmarkt?

Basiswissen Aktien

WAS IST DAS, EINE AKTIE?

Eine Aktie stellt ein Wertpapier dar, welches die Teilhabe an einem Unternehmen bestätigt. Der Besitzer einer Aktie hält somit einen Teil an des jeweiligen Unternehmens und hat neben dem Mitbestimmungsrecht in Form des Stimmrechts ebenso die Berechtigung zur Anteilnahme am Gewinn mittels Dividenden. Ein großer Unterschied besteht zu Gläubigern, die ihr Kapital einem Unternehmen leihen und Rückzahlungsforderungen inklusive Zinsen stellen. Dagegen sind Aktionäre Miteigentümer des Unternehmens.

Diese Eigenschaft ist jedoch durch das Aufkommen der Börsen mehr und mehr in den Hintergrund gerückt, sodass Anlegern die Mitbestimmung am Unternehmen kaum noch wichtig ist. Vielmehr geht es darum, auf Wertsteigerungen des Aktienkurses zu hoffen, um die gehaltene Aktie nach kurzer oder langer Zeit wieder abzustoßen. Davon betroffen sind auch die auszuschüttenden Dividenden, die beim Handel an der Börse deutlich an Bedeutung verloren haben, da sie sich für viele Anleger aufgrund der niedrigen Summen selten lohnen.

Dennoch existieren diverse und auch erfolgreiche Dividendenstrategien, welche insbesondere auf Sicherheit bedacht sind und eine konstante Renditemöglichkeit darstellen. Wichtig ist weiterhin, festzustellen, dass der Aktieninhaber vollständig auf das Recht verzichtet, sein investiertes Geld zurückzuerhalten.

Dieses Verhältnis besteht zwischen dem Aktionär und dem Unternehmen, jedoch bieten Zweitmärkte wie die Börse die Möglichkeit, die Aktie zu einem fairen Wert zu verkaufen.

WARUM GEBEN UNTERNEHMEN AKTIEN AUS?

Zusammengefasst lässt sich diese Frage einfach erklären: um ihr Eigenkapital zu erhöhen und langfristig mehr Gewinn zu generieren. Doch was ist der Hintergrund dieser Überlegung? Grundsätzlich lässt sich das Vermögen eines Unternehmens (also die Passiv-Seite der Bilanz) in Eigen- und Fremdkapital unterscheiden. Zum Fremdkapital gehört jegliches geliehenes Geld, also alle Schulden und Verbindlichkeiten. Schulden entstehen, wenn sich die Unternehmung Geld von einer Bank oder einer Privatperson leiht und dafür Zinsen zahlt. Außerdem muss es vollständig nach Ablauf einer bestimmten Frist zurückgezahlt werden, es handelt sich also um einen Kredit.

Verbindlichkeiten entstehen, wenn ein Kunde bereits für Waren oder Leistungen gezahlt hat, diese aber noch nicht geliefert oder ausgeführt worden sind. Es handelt sich theoretisch gesehen also auch um fremdes Kapital, für welches jedoch keine Zinsen gezahlt werden müssen. Eine sehr willkommene Angelegenheit für jedes Unternehmen.

Doch viel interessanter für dieses Buch ist das Eigenkapital des Unternehmens. Es beinhaltet jegliches Geld, welches durch Miteigentümer oder Inhaber eingezahlt wurde, und zusätzlich noch Teile des Gewinns, also des Jahresüberschusses der bereits erfolgreich gewirtschafteten Jahre. Sollte dieses Kapital knapp werden und können die Rechnungen nicht aus den Umsätzen gezahlt werden, meldet das Unternehmen Insolvenz an, da es unter anderem auch die Schulden aus dem Fremdkapital nicht aus eigener Kraft zurückzahlen kann.

Die Höhe des Eigenkapitals ist auch deshalb wichtig, weil es den Kern der Unternehmung darstellt und jegliche Investitionen und Projekte, welche nicht durch die Einnahmen aus Verkäufen gedeckt werden können, finanziert. Bei einer Expansion beispielsweise ist es nur in seltenen und gleichzeitig sehr erfolgreichen Fällen möglich, eine

Erweiterung der Geschäftstätigkeit vollständig aus Mitteln zu bezahlen, welche aus Gewinnen stammen.

Um dennoch expandieren zu können und währenddessen nicht auf externe Geldgeber wie Banken angewiesen zu sein, welche für ihr Geld Zinsen verlangen, muss das Eigenkapital erweitert werden. Dies kann auf verschiedene Weisen funktionieren. Zum einen können Unternehmensinhaber durch den Antritt einer führenden Position Eigenkapital in die Unternehmung einzahlen, wie es beispielsweise bei Namenspartnern von Kanzleien üblich ist. Zum anderen bietet aber auch der Erlös aus Aktien die Möglichkeit, das Eigenkapital zu erweitern, indem Anteile am Unternehmen verkauft werden.

So werden die Aktien zu den sogenannten Nennwerten verkauft, welche nicht mit dem Aktienkurs zu verwechseln sind. Ein Nennwert multipliziert mit der Anzahl der herausgegebenen Aktien ergibt das sogenannte Grundkapital, doch dazu später mehr, wenn es um Unternehmenskennzahlen geht. Wichtig ist nur, zu wissen, dass das Grundkapital jenes ist, mit dem das Unternehmen für die Gläubiger haftet. Außerdem muss es bei Aktiengesellschaften und Gesellschaften mit beschränkter Haftung (GmbH) mindestens 50.000 Euro betragen.

Der Verkauf von Aktien sichert der Gesellschaft demnach Eigenkapital, über welches sie frei verfügen kann und das sie nicht zurückzahlen muss. Dadurch werden Projekte und andere Großinvestitionen finanziert, welche langfristig für mehr Gewinn sorgen sollen und die Wirtschaftsleistung des Unternehmens verbessern. Dem gegenüber steht der Verkauf von Anteilen am Unternehmen, welcher in den meisten Fällen mit der Abgabe von Stimmrechten einhergeht. Außerdem verpflichtet sich die Gesellschaft der Zahlung einer Dividende bei Gewinnen, jedoch ist die Ermittlung des reinen Gewinns oft Unternehmenssache und unterliegt keinem eindeutigen Standard.

Aus diesem Grund sind Dividenden oftmals eine ungenaue Anlage, welche meist nur zusätzlich zu den Kursgewinnen für Freude bei den Aktionären sorgt.

ARTEN VON AKTIEN

Aktie ist nicht gleich Aktie. In diesem Abschnitt habe ich die wichtigsten Unterscheidungsmerkmale zusammengetragen. Außerdem werden Sie lernen, welche Arten von Aktien für den Kapitalmarkt und die Börse am wichtigsten sind, denn der Umgang mit Wertpapieren erfordert meiner Meinung nach eine genaue Auseinandersetzung mit den Rechten, welche dem Aktionär zustehen.

Eine Art, Aktien voneinander zu trennen, ist die **Unterscheidung nach dem Stimmrecht.**

In den vorangegangenen Abschnitten dieses Buches habe ich bereits erwähnt, dass Sie durch den Erwerb einer Aktie ebenso ein Stimmrecht auf der Hauptversammlung der Gesellschaft erwerben, mit dem Sie über die Besetzung des Aufsichtsrates sowie über die Verwendung des Bilanzgewinnes entscheiden können. Das bedeutet, dass Sie als Aktionär zu einem kleinen Teil mitentscheiden dürfen, in welche Richtung sich das Unternehmen entwickelt.

Ich persönlich halte es für sehr erkenntnisreich, wenigstens einmal selbst an einer Hauptversammlung teilzunehmen, auch wenn der eigene Aktienanteil am Unternehmen überschaubar ist. Sie werden viele Erfahrungen sammeln und auch interessante Leute treffen, deren Motive für das Erscheinen auf der Versammlung sowie für das Halten der betroffenen Aktie kennenlernen. Außerdem wird Ihnen die Chance geboten, sich besser mit dem Unternehmen zu identifizieren und in Zukunft präziser einschätzen zu können, wie sich der Unternehmenswert und somit auch der Aktienkurs entwickeln könnte.

Zurück zum Thema: Die Unterscheidung nach Stimmrecht erfolgt durch die Abgrenzung von Stammaktien gegenüber Vorzugsaktien. Bei herkömmlichen Stammaktien gibt es keine Besonderheiten. Auf diese treffen die eben genannten Eigenschaften vollständig zu, das Stimmrecht entspricht dem Anteil des Nennwertes Ihrer Aktie am Grundkapital der Unternehmung. Für private Anleger hält sich das Ausmaß der Entscheidung also sehr in Grenzen.

Interessanter, insbesondere für aktive Anleger und Händler am Kapitalmarkt, die auf Kursgewinne hoffen, sind die sogenannten Vorzugsaktien. Wer Inhaber einer Vorzugsaktie ist, verzichtet auf sein Stimmrecht, erhält dafür jedoch Vorteile bei der Ausschüttung der Dividenden in Form von meist höheren Zahlungen und bevorzugter Behandlung, wenn es um die Reihenfolge der Ausschüttung geht. Des Weiteren haben Vorzugsaktien einen höheren Wert bei der Liquidierung des Unternehmens, also bei dem Verkauf der Vermögensgegenstände als Folge einer Insolvenz, um die Schulden zumindest teilweise decken zu können.

Tritt dieser Fall ein, erhalten Aktionäre von Vorzugsaktien häufig höhere Auszahlungen für Ihre Anteile, jedoch häufig dennoch nicht den vollen Nennwert. In der Praxis werden vor allem dann Vorzugsaktien ausgegeben, wenn es sich um Familienunternehmen handelt. Die Inhaber wollen ihren Einfluss sichern und sind nicht bereit, Stimmrechte abzugeben. Bis zu einem Wert von 50 Prozent des Grundkapitals ist dies auch zulässig. Des Weiteren bieten Vorzugsaktien den Vorteil höherer Dividenden und sind oftmals günstiger als Stammaktien, wenn beide angeboten werden. Für private Anleger im kleinen Umfang also eine sehr attraktive Wahl. Stammaktien werden häufig dafür genutzt, um strategische Investments im großen Stil oder auch Unternehmensübernahmen durchzuführen.

Eine weitere Unterscheidung kann die **Trennung nach der Übertragbarkeit** von Aktien sein.

Hierbei werden drei Arten unterschieden, wobei die sogenannte Inhaberaktie mittlerweile eine deutliche Mehrheit der gehandelten Aktien, insbesondere an Börsen, einnimmt. Diese bringt die Eigenschaft mit sich, dass der Inhaber der Aktie alle Rechte und Pflichten über diese Aktie besitzt bzw. erfüllen muss. Es handelt sich hierbei um eine anonyme Form des Besitzes, da sich die gesamten Rechte und Pflichten beim Verkauf des Wertpapiers an den nächsten Besitzer übertragen. Diese Variante begrenzt den Aufwand der Übertragbarkeit und eines möglichen Aktienregisters im hohen Maße, da dieses nicht angelegt werden muss. Problematisch jedoch ist die Transparenz, welche durch die unbekannten Besitzer insbesondere bei Hauptversammlungen oft eine Herausforderung für die Gesellschaft darstellt.

Das Pendant zu Inhaberaktien stellen Namensaktien dar. Sicherlich ahnen Sie bereits, worum es sich hierbei handeln könnte, denn die Bezeichnung verrät es. Die Besonderheit von Namensaktien ist das Führen eines Aktienregisters, in welches jeder Besitzer mindestens einer Aktie des Unternehmens mit Namen, der Adresse, dem Geburtsdatum und natürlich der Stückzahl gehaltener Aktien aufgenommen werden muss.

Dies schränkt die Übertragbarkeit deutlich ein und erhöht den Aufwand eines Verkaufs, da sich der Käufer nun in das Aktienregister eintragen lassen muss. Andernfalls ist sein Stimmrecht und das Recht auf Dividendenzahlungen nicht gewährleistet. Vorteile der Ausgabe von Namensaktien erhält das Unternehmen durch eine höhere Transparenz der Aktionäre und auch durch eine gewisse Treue: Die Hauptversammlungen sind somit weniger anonym und das Abstoßen der eigenen Aktienanteile ist mit mehr Aufwand verbunden als bei den anonymen

Inhaberaktien. Dies kann dafür sorgen, dass der Aktienkurs auch in Krisenzeiten vergleichsweise stabil bleibt.

Eine zusätzliche Variante möchte ich Ihnen nicht vorenthalten. Es handelt sich um die sogenannte vinkulierte Namensaktie, welche einen Ausläufer der herkömmlichen Namensaktie darstellt, heutzutage aber nur noch sehr selten Anwendung findet. Die Besonderheit ist, dass der Verkauf der Aktie nicht ohne die Zustimmung der Gesellschaft stattfinden kann. Meist entscheiden darüber die Inhaber des Unternehmens oder von ihnen dazu Ernannte. Ziel dieser Sonderform ist die Erhaltung des Eigenkapitals und somit eine Bewahrung der Liquidität der Gesellschaft. Dennoch ist es vor allem als Aktionär mit wenig Anteilen oft nicht schwierig, die Aktie zu verkaufen. Diese Vorsichtsmaßnahme richtet sich insbesondere an Großinvestoren, von denen das finanzielle Wohl des Unternehmens abhängig ist. Auf Zweitmärkten wie der Börse werden Sie jedoch wahrscheinlich nie auf vinkulierte Namensaktien treffen, da diese generell nicht ohne die genannten Hindernisse gehandelt werden können.

Im Allgemeinen werden an der Börse zum größten Teil nur Inhaberaktien gehandelt, Namensaktien finden sich häufig bei nicht börsennotierten Unternehmen, welche dennoch Aktien herausgegeben haben.

Wertpapiere können außerdem nach dem **Unternehmensanteil unterschieden werden.**

Dabei gibt es zwei Formen, zum einen sind das die Nennwertaktien. Zu diesen Aktien gehört ein Nennwert, der den Anteil am Grundkapital festlegt. Dieser ist wichtig, um den Wert des Stimmrechtes und die Höhe der Dividendenzahlungen zu bestimmen. Andererseits können auch sogenannte Stückaktien ausgegeben werden, welche nichts mit dem Anteil am Unternehmen zu tun haben. Im Gegensatz zu Nennwertaktien ist hierbei der Wert jeder Aktie gleich, sodass insgesamt beispielsweise eine Million Aktien ausgegeben werden und die Inhaber der Gesellschaft oftmals bereits 500.000 davon besitzen, um ihren Einfluss nicht zu gefährden. Bei Nennwertaktien können auf einzelne Aktien höhere Nennwerte gedruckt werden, damit nicht viele kleine Teile gekauft werden müssen, um die Mehrheit der Stimmrechte der Inhaber aufrechtzuerhalten.

Die letzte Unterscheidung, die ich in diesem Abschnitt vornehmen möchte, ist die **Unterscheidung nach dem Alter** der Aktien.

Junge und alte Aktien entstehen ausschließlich durch besondere Ereignisse, meist ist das eine Kapitalerhöhung. Das bedeutet, dass die Unternehmung neues Eigenkapital mobilisieren möchte und deshalb weitere, neue Aktien verkauft. Dann wird eine Anpassung der Rechte notwendig, da die Anteile am Unternehmen der alten Aktien nun nicht mehr so sind wie vor der Kapitalerhöhung. Anhand einer einfachen Rechnung kann erläutert werden, weshalb eine Kapitalerhöhung ohne Entschädigung der Inhaber alter Aktien nicht gerecht wäre.

Angenommen, ein Aktionär hält 100 Aktien einer Kapitalgesellschaft, welche insgesamt 1.000 Stückaktien ausgegeben hat und ein Grundkapital von 100.000 Euro vor der Kapitalerhöhung aufweisen konnte. Nun soll das Grundkapital auf 200.000 Euro aufgestockt werden, indem weitere 1.000 Stückaktien verkauft werden. Dabei ist es enorm wichtig, dass exakt 1.000 Aktien verkauft werden, da sich die Werte der jungen Aktien sonst von den alten unterscheiden würden, was bei Stückaktien jedoch nicht möglich ist. Nach der Kapitalerhöhung hält der Anleger einen Anteil von 5 Prozent am Unternehmen, davor waren es noch 10 Prozent und das, obwohl er keine seiner Aktien verkauft hat. Deshalb erhalten die Inhaber alter Aktien sogenannte Bezugsrechte, die sie auf zwei Arten nutzen können: Entweder sie kaufen davon neue Aktien, noch bevor diese für alle zugänglich sind, allerdings maximal so viel, bis der alte Anteil wieder hergestellt ist, oder sie veräußern ihre Bezugsrechte für einen bestimmten Geldbetrag.

Alle Inhaber stehen somit vor der Wahl: Entweder das Unternehmen stärker unterstützen, indem weiteres Geld investiert wird, der Einfluss jedoch erhalten bleibt, oder die Minderung des insgesamten Stimmrechtes akzeptieren und die Entschädigung für den Erlös der Bezugsrechte erhalten, welche teilweise eine beachtliche Summe ergeben kann. Für private Anleger, welche nicht auf das Stimmrecht bedacht sind, hat eine Kapitalerhöhung deshalb überwiegend Vorteile.

Es kann Geld durch das Verkaufen der Bezugsrechte eingenommen werden, es können Aktien zu einem meist recht niedrigen Startpreis erworben werden (die Kurspreise bei den Börsen sind nach der Kapitalerhöhung oftmals höher als die Preise mit einem Bezugsrecht) und die Gesellschaft hat nun mehr Eigenkapital zur Verfügung, um Investitionen wie große Projekte zu finanzieren, was langfristig höhere Gewinne verspricht.

AKTIENSPLIT UND AKTIENZUSAMMENLEGUNG EINFACH ERKLÄRT

Diese zwei häufig verwendeten Begriffe sorgen auch bei erfahrenen Geldanlegern am Kapitalmarkt manchmal für Verwirrung, weshalb ich Ihnen in diesem Abschnitt die Bedeutung näher bringen möchte. Grundlegend handelt es sich bei den Begriffen um Maßnahmen, welche insbesondere die Übersicht und Handelbarkeit der Aktien gewährleisten oder wiederherstellen sollen. Bei einem Aktiensplit legt das betreffende Unternehmen ein Aufteilungsverhältnis fest, nach welchem die Aktien gesplittet werden.

Besitzen Sie in Ihrem Portfolio zehn Aktien der jeweiligen Gesellschaft und lautet das Aufteilungsverhältnis 1:5, so sind Sie danach

Eigentümer von 50 Aktien, welche jedoch insgesamt denselben Wert aufweisen, wie vor dem Aktiensplit. Der Nennwert wird also durch fünf geteilt. Wie Sie sich sicher vorstellen können, handelt es sich bei einer Aktienzusammenlegung um das Gegenteil eines Aktiensplits. Kommt es zu dieser Zusammenlegung und die Anzahl der von Ihnen besessenen Aktien lautet zehn, während das Reverse-Verhältnis bei 5:1 liegt, befinden sich nach der Zusammenlegung nur noch zwei Aktien in Ihrem Portfolio. Der Gesamtwert bleibt aber auch hierbei unverändert.

Begründet stellen Sie sich nun wahrscheinlich die Frage, weshalb Unternehmen so vorgehen und Aktien aufsplitten bzw. zusammenführen. Dies liegt zum einen an der Tatsache, dass die Aktie so besser handelbar ist. Generierte ein Unternehmen in den vergangenen Jahren stets Gewinne und stieg der Aktienkurs daraufhin stets an, ist der Preis einer einzelnen Aktie schnell so hoch, dass viele private Anleger von einem Kauf absehen. Das liegt nicht immer daran, dass sie es sich nicht leisten können, sondern vielmehr an der Tatsache, dass dann eine breite Diversifizierung nur noch schwer möglich ist. Die Gesellschaft möchte mit einem Aktiensplit demnach ihr Produkt für die breite Masse an Aktionären zugänglich machen und für einen regeren Austausch an der Börse sorgen.

Andererseits werden Aktienzusammenlegungen oftmals zur Steigerung der Übersichtlichkeit des Handels genutzt. Sie finden traditionell dann statt, wenn der Aktienkurs stark gesunken ist und es nicht zu erwarten ist, dass das vergangene Niveau in kurzer Zeit wieder erreicht wird, wie es beispielsweise nach einer Wirtschaftskrise der Fall ist. Auslöser für Aktienzusammenlegungen sind demnach häufig große Verluste des Unternehmens durch anhaltend schwache Umsatzerlöse oder auch Skandale jeglicher Art, die den Börsenkurs abrutschen lassen.

Die Zusammenlegung sorgt dann dafür, dass nicht viele einzelne Aktien für geringe Nennwerte, teilweise sogar unter einem Euro, gehandelt werden müssen. Großinvestoren schrecken dann vor mehreren Tausend Aktien von geringem Wert zurück. Aber auch für kleinere Privatanleger sind niedrige Preise dieser Art nicht attraktiv. Eine Verringerung der Aktienanzahl muss geschehen, um für Übersichtlichkeit zu sorgen.

ALLES ÜBER AKTIENINDIZES

Wie Sie bereits wissen, existiert zu jeder gehandelten Aktie ein Aktienkurs, welcher abbildet, wie teuer oder günstig die jeweilige Aktie momentan ist. Dieser Aktienkurs setzt sich vollständig durch Angebot und Nachfrage der Anleger zusammen, sodass das Unternehmen, welche die Aktie ausgegeben hat, keinen direkten Einfluss darauf nehmen kann. Welche Einflussfaktoren es dennoch gibt, erfahren Sie im weiteren Verlauf dieses Buches im Kapitel „Der Alltag am Kapitalmarkt“.

Welche Aufgabe haben Aktienindizes? Sie haben für Aktionäre jeder Interessengruppe eine große Bedeutung, denn sie bilden nicht nur einzelne Aktien ab, sondern einen gesamten Markt. Das funktioniert folgendermaßen: Ein Index besteht aus mehreren Aktien, welche anhand bestimmter Eigenschaften einander zugeordnet worden sind. Dafür gibt es die unterschiedlichsten Kriterien, wie geographische Nähe, Branchenzugehörigkeit oder Produktähnlichkeiten. Es ist außerdem nicht ausgeschlossen, dass einzelne Aktien in mehreren verschiedenen Indizes vorkommen. Ein Aktienindex bildet also die Aktienkurse einer Gesamtheit verschiedener Aktien ab, die aufgrund bestimmter Eigenschaften zusammengehören.

Doch welchen Nutzen hat das für Kapitalmarkthändler? Sie bieten die Möglichkeit, auf einen Blick zu erkennen, wie sich ein bestimmter Markt oder eine bestimmte Region momentan entwickelt. Ein Einsturz eines Indizes, welcher ausschließlich Aktien von Technologieunternehmen abbildet, gibt Aufschluss darüber, dass diese Branche aus den verschiedensten Gründen gerade nicht gefragt ist. Die Anleger verkaufen einzelne Aktien dieser Branche, weil das Vertrauen in eine Kurssteigung nicht vorhanden ist. Essenziell wichtig ist es daher für Mitarbeiter der Börse, Berufstrader und auch Privatanleger, sich ständig mit den wichtigsten Indizes auseinanderzusetzen, welche die Geschehnisse der eigenen Aktien abbilden.

Ich möchte Ihnen dafür, ausgehend vom Beispiel des Einsturzes eines Indizes, welcher Technologieunternehmen abbildet, weitere Erklärungen liefern. Stellen Sie sich vor, Sie halten eine große Menge Aktien eines Technologiekonzerns aus Deutschland, welcher sich unter den deutschlandweit wichtigsten Unternehmen dieser Branche befindet. Sie beobachten, wie der berühmte TecDAX, ein Index, der die 30 größten Technologieunternehmen Deutschlands abbildet, deutlich an Wert verliert – eine Begründung dafür haben Sie allerdings noch nicht.

Aufgrund dieser Entdeckung rufen Sie den Aktienkurs der von Ihnen gehaltenen Aktie der deutschen Technologiebranche auf und bemerken noch keine Veränderung. Welche Entwicklung ist zu erwarten? Die weiteren Anleger werden ebenso den Einsturz des Tech-DAX beobachten und einige von ihnen werden aufgrund von Verlustängsten ihre Aktienanteile abstoßen. Nun müssen Sie entscheiden, wie Sie vorgehen, noch bevor der große Einsturz folgt.

Eine Möglichkeit wäre es, die Anteile sofort zu verkaufen und während des kommenden Tiefs wieder einzukaufen, um von den Kursverlusten zu profitieren. Andererseits wäre es ebenso möglich, die Situation auszusitzen und auf eine schnelle Erholung bzw. nur einen niedrigen Einsturz zu hoffen. Die Entscheidung ist Ihnen überlassen – wichtig ist nur, dass Sie so schnell es geht von den Bewegungen der betreffenden Branche erfahren – und das geht zweifelsohne am besten mit Indizes.

Dennoch bieten Aktienindizes neben der Informationsfunktion noch andere Möglichkeiten am Kapitalmarkt, die Sie insbesondere für passive Investments nutzen können. Durch die sogenannten ETFs ist es möglich gemacht worden, dass ganze Aktienindizes mittlerweile besparbar sind. Das bedeutet, dass Sie Produkte erwerben können, die exakt die Entwicklungen eines bestimmten Indizes abbilden und so ohne großen Aufwand am Wachstum bestimmter Branchen oder Regionen direkt beteiligt sein können. Des Weiteren bieten diverse Onlinebroker kostenlose Sparpläne an, welche es Ihnen ermöglichen, nahezu gebührenlos Sparpläne auf ETFs durchzuführen. Mehr dazu erfahren Sie im Kapitel „Das sollten Sie über Aktiendepots wissen." In diesem Abschnitt wird es sich nun darum drehen, welche verschiedenen Aktienindizes es gibt und wie Sie diese für sich verwenden können – ein meiner Meinung nach essenziell wichtiges Thema, um die Welt des Kapitalmarktes besser zu verstehen, und einer der ersten Schritte im Umgang mit diesem.

Für Anleger aus dem deutschen Raum stellen der **DAX** und seine Ausläufer die wichtigsten Indizes dar. Der deutsche Leitindex DAX bildet die 30 größten deutschen, börsennotierten Unternehmen ab und ordnet sie nach der Marktkapitalisierung. Diese errechnet sich durch die Multiplikation der Anzahl an herausgegebenen Aktien und des Preises, also des momentanen Aktienkurses. Im DAX gibt es keine branchenspezifischen Bestimmungen, theoretisch kann es jedes Unternehmen in diesen Index schaffen – vorausgesetzt, die Marktkapitalisierung ist hoch genug. Derzeit belegen SAP und Linde Group Platz eins und zwei des Deutschen Aktienindex als einzige Gesellschaften mit einer Marktkapitalisierung von über 100 Milliarden Euro. Weitere Branchen sind insbesondere die Autoindustrie, welche durch Volkswagen, Daimler und BMW prominent besetzt ist. Aber auch die Medizin- und Pharmabranche macht durch Bayer einen beachtlichen Anteil des deutschen Leitindizes aus.

Was können Anleger an der Entwicklung des DAX ablesen? Experten sind sich einig, dass jeder Aktionär, der auf dem deutschen Markt handelt, einen permanenten Überblick über die Schwankungen des DAX haben sollte. Das liegt vor allem an der Tatsache, dass er durch die verschiedenen Branchen breit diversifiziert ist und deshalb die Lage der deutschen Wirtschaft sehr treffend abbildet. Des Weiteren hängen vom DAX ebenso die Tochterindizes ab, welche ich im Folgenden vorstellen möchte. Der DAX ist zwar ein eigenständiger Index, bietet allerdings auch weitere Ausläufer, welche ebenso für Anleger auf dem deutschen Markt interessant sind.

Zunächst einmal gibt es den **MDAX** und den **SDAX**. Sie werden als die Erweiterung des Leitindex angesehen, da sich speziell der MDAX direkt an den DAX anschließt. Geordnet nach Marktkapitalisierung sind hier also weitere 30 Unternehmen zu finden, welche direkt in den DAX aufsteigen könnten. Ähnlich verhält es sich mit dem SDAX, welcher sich lückenlos an den MDAX anschließt und sich somit auf noch kleinere Unternehmen konzentriert, von denen manche vielleicht viel Potenzial zu bieten haben. Interessant ist, dass die beiden Ausläufer des DAX direkt von ihm abhängig sind, obwohl sie unterschiedliche Aktien beinhalten. Die Entwicklung des DAX schlägt sich nahezu immer direkt auf den MDAX und SDAX nieder, weshalb diese drei Indizes ähnlichen Schwankungen unterstehen. Der Grund für dieses Phänomen liegt auf der Hand: Durch die breite Diversifizierung des DAX und die Beachtung nahezu aller für den Kapitalmarkt wichtigen Branchen sind die Gründe für den Einbruch dieses Index meist auch bei kleineren Unternehmen spürbar. Sie sind ebenfalls von wirtschaftlichen Tiefphasen einzelner Branchen oder der Gesamtwirtschaft betroffen.

Über die Zusammenhänge dieser drei Indizes könnten ganze Doktorarbeiten verfasst werden, ich möchte es dabei erst einmal belassen und noch auf zwei weitere Ausläufer des DAX aufmerksam machen, die allerdings nicht so stark mit diesem zusammenhängen, wie die beiden eben genannten das tun.

Der **TecDAX** beschränkt sich auf die 30 größten deutschen Technologieunternehmen und steht aufgrund des langanhaltenden Booms dieser Branche auf jedem Zettel von Berufstradern und Mitarbeitern der Börse. Ebenso wie den DAX sollten Anleger auf dem deutschen Aktienmarkt auch diesen Index stets unter Beobachtung haben. Denn auch direkte Investitionen mittels ETFs haben sich in den letzten Jahren massiv bewährt: Beachtliche Kurssteigerungen und wenige Konsolidierungsphasen stehen zu Buche.

Weiterhin interessant ist der **DivDAX**. Dieser interessiert vor allem langfristige Anleger, welche mit Hilfe von Vorzugsaktien auf die Dividenden der Unternehmen hoffen, denn hier werden die 30 dividendenstärksten Unternehmen Deutschlands betrachtet. Gemessen wird dieser Wert anhand der jährlichen Ausschüttung meist kurz nach der Hauptversammlung, die jedoch bei vielen Unternehmen zu unterschiedlichen Zeitpunkten stattfindet. Das war übrigens die Veranstaltung, bei der Sie ebenfalls Ihr Stimmrecht nutzen können – vorausgesetzt, Sie haben keine Vorzugsaktien erworben. Anhand solcher Indizes werden Dividendenstrategien deutlich vereinfacht und erreichen mehr Anleger.

So viel zum deutschen Markt, nun soll es um den amerikanischen Markt gehen. Auch heutzutage setzen deutsche Anleger nach dem deutschen Markt am liebsten auf den amerikanischen. Das hat neben der wirtschaftlichen Verbindung zu den USA auch logische Ursachen, betrachtet man das dortige Wirtschaftswachstum.

Ich beschränke mich auf die drei wichtigsten Indizes, welche meiner Meinung nach in Ihrer Gesamtheit als Leitindizes betrachtet werden sollten. Dennoch wird in den meisten Fällen der **S&P 500** als der Leitindex der Vereinigten Staaten von Amerika bezeichnet. Der Name verrät es bereits: Hier werden sage und schreibe 500 Unternehmen gelistet, welche, ebenso wie beim DAX, nach der Marktkapitalisierung geordnet werden. Vertreten sind neben Technologieunternehmen auch die Finanzbranche und die Autoindustrie.

Konkurrenz erhält der „Standard and Poor‘s 500" durch den historischen **Dow-Jones-Index**. Wer war Dow Jones? Dow Jones ist keine einzelne Person, denn es handelt sich hierbei um die Zusammensetzung zweier Männer. Einerseits Charles Dow, welcher als Journalist und Wirtschaftswissenschaftler Bekanntheit erlangt hatte. Eine zentrale Theorie dieses Finanzgenies über die Trendstruktur von Aktienkursen werden Sie im Kapitel „Der Alltag am Kapitalmarkt" kennenlernen. Edward Jones, zweiter Namensgeber des berühmten Index, war Schriftsteller und brachte zusammen mit Charles Dow das Wall Street Journal heraus. Soweit zur Geschichte, doch was ist das Interessante an diesem Index? Anders als die meisten ordnet dieser die Unternehmen nicht nach Marktkapitalisierung, sondern traditionell nach dem Preis. Die Problematik erkennen Sie auf einen Blick: Wird ein Aktiensplit durchgeführt, sinkt der Preis, ohne dass sich am Unternehmenswert oder an anderen aussagekräftigen Kennzahlen etwas verändert. Ähnlich verhält es sich bei der Aktienzusammenlegung, nur dass sich dabei der Preis erhöht.

Es hat demnach auch schon Gesellschaften gegeben, die diese Praxis allein aus dem Grund durchgeführt haben, damit sie weiter oben im Dow-Jones-Index gelistet werden. So erlangt man viel Aufmerksamkeit und gewinnt potenzielle neue Investoren. Weitere Eigenschaften dieses Indizes sind beispielsweise, dass insgesamt lediglich die 30 größten Unternehmen gelistet werden, ähnlich wie beim DAX. Der Unterschied: Die Volkswirtschaft USA ist deutlich größer als die deutsche, weshalb eine höhere Anzahl an abgebildeten Aktien durchaus sinnvoll erscheint. Des Weiteren spricht man beim Dow-Jones-Index so gut wie immer vom Dow Jones Industrial Average. Ausgeschlossen von ihm sind nur die

Branchen Transport und Versorgung, welche jeweils einen eigenen Index erhalten haben, den Dow Jones Transportation Average und den Dow Jones Utility Average.

Eingangs war die Rede von drei wichtigen Indizes aus den USA, welche in ihrer Gesamtheit einen Leitindex darstellen. Den dritten bin ich noch schuldig, gemeint ist der **NASDAQ 100**. Die US-amerikanische Börse Nasdaq hat diesen Index ins Leben gerufen, um die 100 größten an dieser Börse gehandelten Aktien abzubilden, geordnet nach Marktkapitalisierung. Dabei wurden jedoch nur Unternehmen der Technologiebranche beachtet. Der Index erfreut sich erst seit einigen Jahren an großer Bedeutung, denn er schlummerte im Jahr 2010 noch auf 2000 Punkten. Heutzutage befindet sich dieser auf einem beachtlichen Höchstwert von 9000 Punkten, was eine enorme Wertsteigerung darstellt. Würde ich mich im Jahr 2010 befinden und wissen, wie dieser Index durchstartet – er würde ganz sicher zu meinem Portfolio gehören. Vergleichen lässt er sich relativ gut mit dem TecDAX, wobei sich hier deutlich mehr Unternehmen finden, worunter auch wahre Riesen des weltweiten Technologie-Marktes sind. Dennoch konzentrieren sich die gelisteten Aktien insbesondere auf Start-Ups der Technologiebranche.

Nachdem ich mich dem deutschen Markt und dem US-amerikanischem Markt gewidmet habe, möchte ich nun auf Indizes anderer wichtiger Länder eingehen, die Sie ebenfalls kennen und verstehen sollten. Dazu gehört unweigerlich der **MSCI Japan**. Zwar sind japanische Aktien für deutsche Anleger noch größtenteils ein Fremdwort, dennoch ist die wirtschaftliche Bedeutung dieser Volkswirtschaft keinesfalls abzustreiten. Mittlerweile wird es durch viele Onlinebroker möglich gemacht, ohne hohe Zusatzkosten weltweit zu investieren oder sogar zu traden – und damit ist nicht nur Europa gemeint. Speziell auch, wenn es um Investments in weltweite ETFs geht, welche ich im nachfolgenden Absatz erläutern möchte, spielen japanische Aktien eine entscheidende Rolle.

Dieser Index konzentriert sich auf etwas mehr als 300 japanische Unternehmen, welche in Branchen wirtschaften, die keine essenziellen Konsumgüter beinhalten. Dazu zählen neben der Modeindustrie auch beispielsweise Autos und Finanzen.

Das Pendant zum MSCI Japan stellt der **Nikkei 225 Index** dar. Hier werden ebenfalls ausschließlich japanische Unternehmen gelistet, ähnlich wie beim Dow-Jones-Index, aber nach dem Preis sortiert. Eine besondere Stellung nimmt in diesem Index die Technologiebranche mit knapp der Hälfte aller Anteile ein. Insbesondere im asiatischen Raum wird dem Nikkei 225 eine bedeutende Stellung zugetragen.

Zurück nach Europa, wo jeder Aktionär früher oder später auf den **SMI**, den Swiss Market Index, stößt. Leicht zu vergleichen lässt sich der SMI mit dem DAX, wobei hier lediglich 20 Unternehmen gelistet sind – im DAX sind es ja bekanntlich 30. Ebenso nimmt die Gesundheitsbranche einen Großteil des Indizes ein, danach folgen Finanzen und Konsumgüter. Der Leitindex der Schweiz ist besonders für Anleger interessant, die auf kontinuierliches Wachstum und präzise Arbeit stehen, wofür die Schweiz bekannt ist. Ein weiteres Beispiel für einen regionalen Index in Europa ist der **FTSE 100**, welcher der Leitindex Großbritanniens ist. Die 100 größten Unternehmen des Vereinigten Königreiches lassen sich hier finden. Andere europäische Leitindizes heißen beispielsweise **CAC 40** aus Frankreich und **FTSE MIB** aus Italien.

Doch damit nicht genug: Eine letzte wichtige Kategorie an Indizes fehlt noch in dieser Übersicht. Die Rede ist von überregionalen Indizes, allen voran drei Stück. Beginnen möchte ich mit dem wahrscheinlich wichtigsten Index überhaupt. Er bildet sämtliche Unternehmen aus den größten Industrieländern der Welt ab, darunter auch Blue Chips, also Marktführer. Gemeint ist der **MSCI World**, welcher seit einiger Zeit in fast jedem Portfolio passiver Aktienanleger zu finden ist. Mit Hilfe von ETFs wird es ermöglicht, diesen Index auf vielen Brokerplattformen kostenlos zu besparen – und das lohnt sich. Die Balance zwischen Risiko und Rendite ist hier so harmonisch wie bei kaum einem anderen Finanzprodukt.

Es ist kaum möglich, eine noch größere Diversifizierung bzw. Breite der Anlage zu erhalten als mit diesem Index. Als kleiner Bruder des MSCI World wird oftmals der **MSCI Emerging Markets** bezeichnet. Wie es der Name bereits verrät, sind hier ausschließlich die größten Unternehmen aus Schwellenländern verzeichnet. Dazu gehören neben Indien und Südafrika beispielsweise auch Argentinien, Brasilien und Südkorea. Die Natur der wirtschaftlichen Entwicklung in Schwellenländern sorgt dafür, dass dieser Index traditionell größeren Schwankungen unterworfen ist, als es bei seinem „großen Bruder“ der Fall ist. Dennoch zeichnen die beiden Indizes oftmals einen ähnlichen Verlauf ab, da Ereignisse der Weltwirtschaft nur selten zwischen Schwellen- und Industrieländern unterscheiden. Eine Kombination dieser beiden Indizes ist also bei fast jedem Anleger am Kapitalmarkt Pflicht und wird auch von mir als essenziell in nahezu jedem Portfolio eingeschätzt. Nicht zuletzt liegt dies auch an den beachtlichen Entwicklungen, die diese beiden Indizes in den letzten Jahren zurückgelegt haben – insbesondere der MSCI Emerging Markets sticht hier hervor.

Als letztes Beispiel möchte ich Ihnen den **Stoxx 600** näherbringen. Dieser europäische Index ist deshalb so interessant, weil er neben Blue-Chip-Unternehmen auch mittlere und sogar kleine Unternehmen aufführt: Insgesamt 600 Firmen aus 17 Ländern Europas, darunter Deutschland, Österreich und auch Griechenland. Anders als bei anderen Indizes ist die Reihenfolge bzw. die Zusammensetzung der vertretenen Unternehmen relativ starr und wird nur aktiv verändert, wenn es wirklich nötig wird. Als realitätsnahe Übersicht über die europäische Wirtschaftslage eignet sich dieser Index daher optimal.

ETFS: DIE MODERNEN RENDITEBRINGER

Keinesfalls zufällig stoßen Sie direkt nach dem großen Thema „Aktienindizes" auf diesen Abschnitt, welcher sich mit ETFs beschäftigt. Sogenannte Exchange Traded Funds sind kein herkömmliches Finanzprodukt wie Aktien und haben deshalb auch keine so weitreichende Historie. Dennoch erfreuen Sie sich insbesondere heutzutage an großer Beliebtheit unter Anlegern. Woran das liegt und was ETFs auszeichnet, erfahren Sie im Folgenden.

Grundsätzlich machen ETFs nichts anderes, als einen Index abzubilden. Sie erinnern sich: Indizes stehen für eine Gesamtheit verschiedener Aktien und ihre Performance ist deshalb allein von derer der enthaltenen Aktien abhängig. Des Weiteren werden ETFs, ebenso wie Aktien, täglich an der Börse gehandelt und sind somit einmalig erwerbbar oder besparbar. Im Gegensatz dazu stehen Aktienfonds, welche meist über spezielle Gesellschaften oder Banken vertrieben werden, sodass häufig Gebühren entstehen, die die eines ETF-Kaufes deutlich übersteigen. Aufgrund der Tatsache, dass ein ETF einen Index abbildet, handelt es sich also nicht um ein aktiv verwaltetes Produkt, hinter dem beispielsweise ein Manager steht, der je nach Analysen und Kurswerten neue Aktien erwirbt und abstößt. Hierfür sind allein Werte entscheidend, nach denen der Index bestimmt wird.

Zuvor habe ich Ihnen erläutert, dass dieser Wert meist die Marktkapitalisierung ist, jedoch in seltenen Fällen auch der Preis einer Aktie entscheiden kann, an welcher Stelle sie in einem Index platziert wird und wie viel Einfluss sie somit auf ihn hat. Dennoch möchte ich Ihnen nicht vorenthalten, dass es auch ETFs gibt, welche sich nicht an einem Index orientieren. Stöbern Sie einmal durch einen Onlinebroker oder lassen Sie sich von einem Experten beraten, werden Sie nicht ausschließlich auf Index-ETFs stoßen. Es können nämlich außerdem noch ganze Branchen,

Regionen oder Rohstoffe- und Edelmetallmärkte abgebildet werden. Wichtig ist dabei, dass es sich um exakt definierte Größen handelt und somit zu jeder Zeit vorbestimmt und transparent ist, welche Aktien wann in den ETF aufgenommen werden. Das gewährleistet die passive Verwaltungseigenschaft und spart ungemein Kosten, da keine Manager engagiert werden müssen.

Wie können Sie nun ETFs für sich nutzen? Ich empfehle stets, einen gewissen Prozentanteil an ETFs in das eigene Portfolio aufzunehmen. Dabei ist es nicht nötig, sich auf spezielle Indizes oder Ähnliches zu beschränken. Ein gutes Portfolio partizipiert ebenso an der Weltwirtschaft, wie es auch von den Gewinnen einzelner Branchen profitiert. Von den zuvor vorgestellten Indizes rate ich uneingeschränkt zu den beiden weltweiten Produkten von MSCI. Gemeint ist zum einen der MSCI World Index, zum anderen der MSCI Emerging Markets Index.

Einen Anteil von insgesamt 20 bis 30 Prozent am Gesamtportfolio sorgt für Sicherheit in der Kapitalbewahrung, ebenso wie für Sicherheit bezüglich der Rendite. Große Schwankungen sind nur bei einem mehr oder weniger großen Einbruch der Weltwirtschaft zu erwarten, wie es beispielsweise in Wirtschaftskrisen der Fall ist. Sie können jedoch sicher sein, dass, wenn diese beiden Indizes einbrechen, längst die meisten anderen Ihrer Produkte ebenfalls eingebrochen sind. Als Basis ist deshalb eine Mischung aus beiden Indizes als oftmals kostenfreier ETF-Sparplan unausweichlich.

Die weitere Gestaltung des Portfolios hängt ganz von Ihrem persönlichen Risikoprofil und dem investierten Geld ab – noch risikoärmer sind eigentlich nur noch auf Sicherheit ausgelegte Fonds, der Immobilienmarkt und Edelmetalle, welche größtenteils ihren Wert halten. Ich möchte nicht zu viel vorwegnehmen: Die Portfoliogestaltung wird noch einen eigenen Abschnitt in diesem Buch einnehmen.

Weitere besparbare Indizes habe ich Ihnen im vorherigen Kapitel aufgezählt, welche sich allesamt als passives Investment eignen. Achten Sie jedoch stets auf historische Entwicklungen in der kurzen und der langen Frist, je nachdem, wie lang Ihr Investitionshorizont ist. Beispielsweise rein europäische Indizes haben in den letzten Jahren bezüglich der Rendite nicht überzeugen können, weshalb sie auch nur einen kleinen Teil des Abschnittes eingenommen haben. Demgegenüber sind und bleiben US-amerikanische Indizes ein heißes Eisen am Kapitalmarkt, denn sie schaffen es immer wieder, fast versunkene Schiffe noch einmal zum Leben zu erwecken. Das und vieles weitere sind Gründe, weshalb sich die amerikanischen Kapitalmärkte an der Wirtschaftsleistung ihres Landes erfreuen.

WAS SIND AKTIENFONDS?

Wie jetzt, noch ein Finanzprodukt, welches sich kennenzulernen lohnt? Reichen ETFs, Indizes und Wertpapiere nicht langsam aus? Vermutlich würden sie das, in einer Welt, in der es die anderen Produkte nicht gäbe. Glücklicherweise leben Sie nicht in einer solchen und können sich zwischen den verschiedensten Finanzprodukten entscheiden. Eine wichtige Rolle bei dieser Auswahl sollten auch Aktienfonds spielen.

Hierbei handelt es sich um aktiv verwaltete Fonds, welche von einem sogenannten Fondsmanager in ständiger Beobachtung und Dynamik stehen. Dieser ändert die Zusammenstellung der Aktien fast täglich und bedient sich dabei an Prognosen, seinem eigenen Expertenwissen und den Performances vergleichbarer Aktienkurse. Den Anlegern wird somit die Chance gegeben, ein passives Investment zu betreiben, bei welchem das Portfolio nicht ständig selbst überarbeitet werden muss, und dennoch ein aktives Produkt zu erhalten. Langfristig lautet das Ziel also eindeutig: Den Markt schlagen und höhere Renditen als beispielsweise regionale Indizes erzielen.

Und das funktioniert? Ja, und zwar sehr gut. Fondsmanager sind absolute Experten und haben oft eine zweistellige Anzahl an Mitarbeitern im Team, welche sich allein um die betreuten Fonds kümmern. Entscheidungen, bestimmte Aktien zu erwerben und sie zu gegebenem Zeitpunkt wieder abzustoßen, geschehen stets auf fundiertem Wissen und nicht nach Bauchgefühl, wie bei einigen Privatanlegern. Dennoch gibt es deutliche Unterschiede zwischen den einzelnen Fonds, sodass Anleger die Auswahl an ihr persönliches Risikoprofil anpassen müssen, worüber Sie im weiteren Verlauf dieses Buches noch einiges lernen werden.

Aktienfonds arbeiten mit den investierten Beträgen vieler einzelner Anleger, welche dann zu Anteilen von einer positiven Kursentwicklung profitieren. Das Besondere ist, dass das Projekt umso wahrscheinlicher Erfolg hat, je mehr Investoren gefunden werden, das heißt, je attraktiver der Aktienfonds ist. Das liegt ganz einfach daran, dass mit mehr verfügbarem Kapital stärker diversifiziert werden kann und es in der Kursentwicklung kaum erkennbar ist, wenn eines der unterstützten Projekte scheitert. Dafür wird zu gegebener Zeit ein Projekt durchstarten und den Kurs deutlich anheben. Der Spielraum des Fondsmanagers ist somit weniger eingeengt und er kann sich ausleben.

Möglicherweise fragen Sie sich, inwieweit der Manager von steigenden Kursen profitiert oder ob es ihm sogar egal sein kann, wie der von ihm verwaltete Aktienfonds abschneidet. Es stimmt, dass der Manager nicht direkt von steigenden Kursen profitiert, da er ja nicht sein eigenes Geld investiert hat. Bezahlt wird er durch die Gebühren der Anleger, welche sie durch jeden Kauf tragen und auch beim Verkauf der Anteile übernehmen. Anders als bei Onlinebrokern entstehen beim Geschäft mit Aktienfonds nämlich häufig Gebühren, da grundsätzlich auch höhere Kosten entstehen.

Diese haben ihren Ursprung zum einen in der Bezahlung des Fondsmanagers und seines Teams, in der Vermittlung durch eine bestimmte Gesellschaft, in Deutschland beispielsweise „Deka“, in der Zusammenarbeit der Banken mit den Gesellschaften, welche ebenso ihre Mitarbeiter bezahlen müssen, und zusätzlich noch in der Werbung und Kommunikation für das Produkt. Insbesondere handelt es sich dabei zwar um Werbung für die herausgebende Gesellschaft der Aktienfonds, jedoch stellt dies einen großen Unterschied zu den meisten anderen Finanzprodukten dar.

Werbungen für ETFs, Indizes oder einzelne Aktien gibt es so gut wie nie, weil beispielsweise Volkswagen die Anleger nicht dazu bewegt, Aktienanteile ihres Unternehmens zu erwerben. Und das hat auch einen Sinn, denn Volkswagen selbst hat nicht wirklich etwas davon. Die Aktien sind bereits verkauft und ein hoher Aktienkurs hat keine direkte Auswirkung auf das Eigenkapital oder die verfügbaren finanziellen Mittel des Unternehmens. Ein hoher Aktienkurs beeinflusst zwar das Ansehen des Unternehmens nach außen und sorgt dafür, dass bei einer weiteren Ausgabe von Aktien in Form einer Kapitalerhöhung ausreichend Käufer gefunden werden, allerdings bedeutet dies dann auch ein weiterer Verkauf von Unternehmensanteilen. Wie dem auch sei: Der Kostenfaktor Werbung, Vermarktung und Kommunikation spielt bei Fondsgesellschaften und Banken eine große Rolle, weshalb teils hohe Gebühren für Anleger anfallen.

Wie können Sie als künftiger Aktionär mit diesen Informationen umgehen? Wichtig ist, stets zu wissen, dass für Investitionen in Aktienfonds Kosten für etwas anfallen, was keinen Einfluss auf die Performance oder die Leistung des Produktes hat. Bei passiv verwalteten ETFs hingegen entstehen oftmals lediglich Kosten für den Verkauf in Form von einstelligen Euro-Beträgen und selten geringe Kosten für den monatlichen Kauf. Beachten Sie immer, dass die Kostenstruktur der Investition direkt

Ihre Rendite beeinflusst und ihr deshalb große Beachtung geschenkt werden sollte. Mehr zu den Kosten beim Erwerb und Verkauf von Aktien und anderen Finanzprodukten erfahren Sie im Kapitel „Der große Broker-Vergleich".

Fazit: Aktienfonds haben zweifelsohne das Potenzial, den Marktzins zu schlagen, und tun das in der Regel auch. Aber aufgepasst, das gewählte Risiko beeinflusst die Rendite maßgeblich. Ein gesunder Mix ist immer ratsam, sodass Aktienfonds durchaus einen Teil des Gesamtportfolios ausmachen können. Die Kostenstruktur solcher Fonds ist nie zu vernachlässigen und sollte ein Kriterium bei der Kaufentscheidung sein. Generell gilt, dass etwa 20 bis 30 Prozent des eigenen Portfolios aus Aktienfonds bestehen sollten, welche vergleichsweise hohe Renditen generieren können. Aufgrund der stets großen Diversifizierung sind auch diese Fonds relativ verlustsicher und bieten enorme Chancen. Ich persönlich bin ein Fan dieser Produkte, solange sie nicht mehr als die Hälfte des Portfolios einnehmen. Ebenso halte ich es übrigens mit ETFs.

WEITERE INVESTITIONSMÖGLICHKEITEN AM KAPITALMARKT

Nachdem Sie nun bereits die wichtigsten Finanzprodukte des Kapitalmarktes kennengelernt haben, können Sie bereits auf umfassendes Wissen zurückgreifen. Die vielfältigen Möglichkeiten sind jedoch noch lange nicht ausgeschöpft, weshalb ich in diesem Abschnitt auf zwei besondere Finanzprodukte eingehen möchte. Insbesondere im Fokus stehen dabei Anleihen und Derivate.

Nicht zufällig habe ich diese beiden Kategorien zusammengefasst, obwohl sie von so unterschiedlicher Natur sind. Der Grund dafür ist, dass sie für Privatanleger, insbesondere auch für Anfänger an der Börse, nicht zu empfehlen sind und ich sie deshalb auch nicht in den Plan für das erste Portfolio eingearbeitet habe, was in einem späteren Kapitel folgen wird. Dennoch halte ich es für unausweichlich, sich mit diesen Produkten zu beschäftigen und diese zumindest auf dem Schirm zu haben, wenn besondere Kaufentscheidungen bevorstehen.

Zunächst möchte ich Ihnen die Möglichkeiten von **Anleihen** erläutern. Was hat es damit auf sich? Anleihen sind nichts anderes als festverzinsliche Wertpapiere, zumindest in den meisten Fällen. Möglicherweise kennen Sie diese bereits unter den Begriffen Rentenpapier oder Obligation, im Alltag wird auch häufig der englische Begriff „Bonds" genutzt. Anleihen dienen der Finanzierung von Staaten oder auch Unternehmen. Die Staatsanleihe der Bundesrepublik Deutschland wird beispielsweise Bundesanleihe genannt. Im Grunde genommen leiht sich demnach Deutschland von Privatpersonen oder Großinvestoren Geld und gibt dafür fest vorgeschriebene Zinsen heraus.

Wie funktionieren Anleihen bei einem Unternehmen? Neben der Möglichkeit der Kapitalbeschaffung für Projekte und anderweitige Investitionen durch den Verkauf von Aktien können Gesellschaften ebenso Anleihen verkaufen. Dann werden externe Geldgeber gesucht, die sich nicht wie bei Aktienkäufen am Unternehmen beteiligen und Anteile erwerben, sondern Fremdkapital stellen und dafür Zinsen verlangen. In der Bilanz das betroffene Unternehmen lassen sich Anleihen also nicht beim Eigenkapital, sondern unter der Kategorie des Fremdkapitals finden. Das wird später noch wichtig sein, wenn es um Aktienkennzahlen geht und beispielsweise um die sogenannte Verschuldungsquote.

Ebenso wie Aktien gibt es bei Anleihen auch einen Nennwert. Dieser gibt an, wie hoch das herausgegebene Kapital des Anlegers ist, und stellt somit gleichzeitig dar, wie viel Geld der Anleger nach Ablauf der Laufzeit, beispielsweise nach zehn Jahren, zurückerhält. Zusätzlich werden dazu noch Zinsen gezahlt, welche in der Fachsprache als Kuponzinsen bezeichnet werden. Meist sind diese jedoch nicht so hoch wie die erwarteten Renditen bei herkömmlichen Aktienkäufen, denn die Zinsen werden garantiert und müssen jährlich gezahlt werden.

Zum besseren Verständnis möchte ich diese Erklärung mit Hilfe eines Beispiels verdeutlichen. Angenommen, ein risikoaverser Anleger möchte Geld am Kapitalmarkt anlegen, kann sich einen Verlust seines Kapitals jedoch nicht leisten und möchte nach Ende der Laufzeit auf eine Summe zugreifen können, die zum Abschluss des Geschäfts bereits fest vorgeschrieben ist. Der konservative Anleger investiert nun 1.000 Euro in eine Unternehmensanleihe bei einem festen Kuponzinssatz von zwei Prozent jährlich. Die Laufzeit beträgt fünf Jahre. Bereits jetzt kann exakt errechnet werden, wie hoch die jährlichen Zinsen sind und so auch der Gewinn des Anlegers. Der jährliche Gewinn lautet bei den gegebenen Daten demnach 20 Euro. Das investierte Geld erhält der Anleger nach Ablauf der Laufzeit vollständig zurück und hat einen insgesamten Gewinn von 100 Euro erwirtschaftet, da der zweiprozentige Kuponzinssatz jährlich ausgeschüttet wird. Berechtigterweise stellen Sie sich jetzt möglicherweise die Frage, weshalb das vorhandene Geld dann nicht einfach auf einem Festgeldkonto investiert werden sollte, wenn es dort keinerlei Risiko gibt, während hier eine Unternehmenspleite eintreten könnte.

Das liegt daran, dass Anleihen ebenso wie Aktien börsengehandelt sind, sonst wären sie eben auch keine Investitionsmöglichkeit am Kapitalmarkt. So wie jedes andere börsengehandelte Produkt haben auch Anleihen einen Kurs an der Börse, welcher sich in diesem Fall Anleihenkurs nennt. Dieser bestimmt den Preis, zu dem Sie Ihr investiertes Kapital an der Börse zurückkaufen können. Sie bemerken, dass die Liquidität im Vergleich zu Festgeldkonten deutlich erhöht ist, da das investierte Kapital nicht eingefroren wurde.

Der Unterschied zu herkömmlichen Aktienkursen ist jedoch, dass der Anleihenkurs in Prozent statt in Euro gemessen wird. Befindet sich der Kurs auf einem Niveau von 100 Prozent, so muss der volle Preis gezahlt werden, zu dem die Aktie erworben wurde. Befindet er sich darunter, zum Beispiel bei 97 Prozent, müssen lediglich 97 Prozent des eigentlichen Wertes gezahlt werden, um die Anleihe zum vollen Wert zurückzuerhalten. Es ist hierbei also positiv für Sie, wenn der Kurs fällt und nicht, wenn er steigt. Diese Möglichkeiten des Börsenhandels mit Anleihen stellt neben den Zinsen eine zweite Einkommensquelle dar, falls diese gewünscht ist.

Es ist jedoch nicht ungewöhnlich, dass sich Anleger ausschließlich auf die Zinszahlungen konzentrieren und diese jährlich einstreichen. Das hat folgenden Grund: Wie Sie bereits bemerkt haben, sind Anleihen im Vergleich zu Aktien oder anderen Finanzprodukten nicht besonders rentabel. Eine zwei- bis dreiprozentige Rendite liegt im Durchschnitt unter dem Marktzins und weckt deshalb nicht besonders viel Begehren unter den Anlegern. Dennoch investieren viele Personen häufig eine Menge Geld insbesondere in Staatsanleihen, welche oftmals noch weniger Zinsen und teilweise sogar Negativzinsen bieten, sodass nach Ende der Laufzeit weniger Geld ausgezahlt wird, als investiert wurde. Der Grund liegt bei der Erhaltung des Geldwertes. Besonders reiche Investoren finden in Anleihen eine enorm sichere Möglichkeit, Geld zu verwahren und dennoch ständig auf dieses zugreifen zu können. Beispielsweise in Währungskrisen haben Staatsanleihen Bestand, während Bargeld in einem gut geschützten Tresor möglicherweise deutlich an Wert verliert – denken Sie an die Inflation von 1923.

Womit ich außerdem zum zweiten Punkt kommen möchte: die Gefahr, welche von der schleichenden Inflation ausgeht. Hält Deutschland und Europa eine Inflationsrate von in etwa zwei Prozent, so verliert Geld auf einem Tagesgeldkonto oder in einem Tresor jährlich an Wert. Um den eigenen Reichtum zu sichern, fragen insbesondere vergleichsweise junge Millionäre unter 50 Jahren Produkte nach, welche die Inflation umgehen. Eine Investition in beispielsweise deutsche Staatsanleihen sorgt momentan zwar für Negativzinsen, bietet jedoch eine Laufzeit von teilweise 25 Jahren. Innerhalb dieser großen Zeitspanne kann die Inflation deutlich ansteigen und auch Anleihen somit teurer werden lassen. Sie sind deshalb bei besonders wohlhabenden Anlegern, welche auf die Werterhaltung des eigenen Geldes bedacht sind, sehr beliebt.

Machen Sie sich einmal bekannt damit, welche Staaten wie viele Zinsen auf ihre Anleihen herausgeben. Maßgeblich dafür sind in den meisten Fällen die Verschuldungsgrade der Länder, aber auch Faktoren wie die eben angesprochene Inflationsrate oder die Währungsstärke. Dass Deutschland heutzutage Negativzinsen auf Staatsanleihen ausgibt, ist ein gutes Zeichen im Hinblick auf die Finanzstärke des Landes.

Eine Übersicht über Staatsanleihen und wo Sie diese erwerben können finden Sie beispielsweise auf dieser Seite: https://www.comdirect.de/inf/anleihen/toprenditen.html

Die zweite in diesem Abschnitt vorgestellte Anlageklasse sind sogenannte **Hebelprodukte**. Diese verhalten sich im Gegensatz zu den eben besprochenen Anleihen sehr risikoreich und sind mit Bedacht zu nutzen – wenn überhaupt. Sie werden gleich bemerken, weshalb eine gesunde Distanz zu jeglichen Produkten mit Hebelwirkung äußerst ratsam ist. Mit Hilfe von sogenannten CFDs können Anleger auf Kursbewegungen wetten, wobei das eingesetzte Kapital im Ergebnis vervielfacht wird. Diese Vervielfachung wird Hebelwirkung genannt. Gefährlich ist vor allem, dass eine Rückzahlungspflicht besteht, falls die Wette nicht aufgeht. So können innerhalb kürzester Zeit hohe Schulden entstehen, die Anleger teilweise nicht aufbringen können. Doch nun noch einmal langsam.

Die Abkürzung CFD steht für „Contract for Difference", es handelt sich also um einen sogenannten Differenzvertrag. Um dieses zusammengesetzte Substantiv besser zu verstehen, lohnt es sich, die beiden Wörter einzeln zu betrachten. Mit der Differenz ist die Differenz innerhalb der Wette gemeint, also in welchem Umfang Sie bezüglich der Entwicklung des Aktienkurses richtig oder falsch liegen. Der Vertrag beschließt die Wette und verpflichtet den Anleger bzw. den Herausgeber des CFDs zur Zahlung der ausstehenden Differenz. Grundsätzlich wird also ein Vertrag des Anlegers mit einer Gegenpartei, meist ist das der genutzte Onlinebroker, auf die Entwicklung eines Kurswertes abgeschlossen. Die Kurse, auf welche Sie wetten können, reichen von Aktien bis hin zu Rohstoffen oder Währungen – nahezu der gesamte Kapitalmarkt steht dafür offen. Wie Sie also mitbekommen haben, erwerben Sie bei diesem Finanzprodukt keine Aktien, Anteile oder andere Werte, sondern geben Ihren Einsatz an den Broker ab.

Zur weiteren Erklärung sollen nun zwei einfache Beispiele helfen. Sie entscheiden sich, mit der Aktie Y zu handeln. Dafür schließen Sie einen CFD mit Ihrem Broker ab. Der Broker gibt nun vor, wie hoch die sogenannte „Security Margin" ist, welche Sie im Laufe des Beispiels verstehen werden. In diesem Fall beträgt die Security Margin drei Prozent. Ihr eingesetztes Kapital, mit dem Sie auf die Aktie Y wetten wollen, beträgt 300 Euro. Anhand dieser beiden Werte lässt sich nun berechnen, wie hoch Ihre tatsächliche Positionsgröße ist, mit der gehandelt wird.

Dazu wird das eingesetzte Kapital durch die Security Margin, welche der Broker für jede Aktie vorgibt, geteilt. 300 Euro durch 0,03 ergibt 10.000 Euro, sodass der theoretische Wert, mit dem nun gehandelt wird, 10.000 Euro ist. Doch was bedeutet dieser hohe Wert für das Geschäft? Die Wette läuft nun und der Aktienkurs entwickelt sich über den Tag. Angenommen, der Kurs hat am Ende des Tages einen Gewinn von drei Prozent generiert. Dann bedeutet das für Sie, dass Sie drei Prozent des eingesetzten Kapitals erwirtschaftet haben, jedoch nicht von den 300 Euro, die Sie gesetzt haben, sondern von der durch die Security Margin erzeugten Größe von 10.000 Euro.

Ihr Gewinn beträgt somit 300 Euro bei eigentlich eingesetzten 300 Euro. Sie haben eine Rendite von 100 Prozent erzeugt, obwohl die Aktie nur um drei Prozent gestiegen ist. Die Hebelwirkung beträgt somit 33,33. Sie können sich nun 600 Euro auszahlen lassen. Für wen das nicht verlockend klingt, der hat vermutlich noch nie richtig am Aktienmarkt investiert. Eine Verdopplung des Startkapitals erfolgt bei herkömmlichen Renditen normalerweise nach frühestens fünf bis zehn Jahren, teilweise dauert es sogar noch länger. Das ist auch der Grund, weshalb eine ständige Einzahlung durch monatliche Sparraten so beliebt ist, da kaum ein Anleger sein Kapital für eine so lange Zeit einfrieren möchte.

Mittlerweile wissen Sie jedoch, woraus sich eine wirklich gute Investition zusammensetzt. Es handelt sich stets um ein Zusammenspiel aus Liquidität, Risiko und Rendite. Die Liquidität ist, wie Sie bereits gesehen haben, phänomenal. Innerhalb eines oder weniger Tage erhalten Sie Ihr Geld zurück und das Geschäft läuft auch sonst sehr schnell. Außerdem sind die Renditechancen so hoch wie bei kaum einem anderen Produkt auf dem Kapitalmarkt. Der Haken muss also beim Risiko liegen – und genau dieses möchte Ich Ihnen nun genauer erläutern.

Im Falle eines Sinkens des Aktienkurses besteht nun die Gefahr, nicht nur das eingesetzte Kapital vollständig zu verlieren, sondern noch weiteres Kapital nachzahlen zu müssen. Aufgrund der im CFD festgeschriebenen Nachschusspflicht wird der Broker von Ihnen die Differenz des Kurswertes verlangen, der das eingesetzte Kapital übersteigt. Ich möchte bei dem Beispiel des obigen Absatzes bleiben und nun einmal beleuchten, was passiert, wenn der Aktienkurs um fünf Prozent fällt. Der theoretische Wert von 10.000 Euro, welcher die Handelsgröße darstellt, sinkt nun auf 9.500 Euro. Ein fünfprozentiger Verfall des Kurses bei großen Aktien ist zwar verhältnismäßig selten, kommt jedoch früher oder später vor. Das real eingesetzte Kapital ohne Hebelwirkung wird nun nicht mehr zurückgezahlt und aufgrund der Tatsache, dass der Kurs nicht nur um drei Prozent, sondern sogar um fünf Prozent gefallen ist, müssen Sie noch weitere 200 Euro „nachschießen", um die Nachschusspflicht zu erfüllen. Innerhalb eines Tages hätten Sie in diesem Fall 500 Euro mit einem einzigen Geschäft verloren, dabei sollte es doch immer das Ziel von Investments sein, langfristig Kapital aufzubauen.

Meiner Meinung nach sind solche Hebelprodukte wie CFDs, aber auch Derivate und Optionen, welche mit denselben Prinzipien agieren, nicht mit Investitionen in Aktien und herkömmliche Finanzprodukte vergleichbar. Die Zielsetzung, über einen langen Zeitraum ein kleines Vermögen zu erwirtschaften, wird aus den Augen verloren. Kritiker vergleichen diese Art des Handels mit Zocken in einem Casino und sehen die begründete Gefahr der Sucht. Auch diese Gründe sorgen dafür, dass ich stark von diesen Produkten in einem guten Portfolio abrate.

Möglicherweise kommt nun bei Ihnen die Frage auf, mit welchen Instrumenten Anleger in CFDs bestimmen, ob der Kurs steigen wird oder nicht. Dazu erhalten Sie im Kapitel zur Einführung in das Trading detaillierte Informationen. Neben der technischen Chartanalyse spielen hierbei allerdings auch Aktienkennzahlen und weitere Einflussfaktoren eine Rolle, welche Sie im fünften Kapitel „Der Alltag am Kapitalmarkt" kennenlernen. Meine Kritik richtet sich insbesondere an die Hebelwirkung und die damit verbundene Nachschusspflicht, welche Grundsätze des Investments am Kapitalmarkt außer Acht lassen. Im Gegensatz dazu finde ich es ungemein wichtig, sich mit den Grundlagen des Tradings auseinanderzusetzen und zu wissen, wie die einzelnen Anleger handeln, was ihre Motive sind und wie sich der Kurswert darauf aufbauend entwickeln wird.

Es ist meiner Meinung nach nicht schädlich, sich auch als Anfänger im Tradingbereich auszuprobieren und einen Teil seines Investitionskapitals dafür zu nutzen, weshalb auch ich persönlich sehr aktiv mein Portfolio mit Methoden des Tradings verwalte.

Das Einmaleins der Börse

WIE FUNKTIONIEREN BÖRSEN?

Schon so oft wurde in diesem Buch über die Börse gesprochen, wie wichtig sie sei und welche Möglichkeiten sie Ihnen als Aktionär bietet. Um dieses Wissen zu konkretisieren, halte ich dieses Extra-Kapitel für notwendig, vor allem im Hinblick auf den Aktienkauf in der Praxis. Denn eines kann ich Ihnen bereits verraten: Ohne Börsen funktioniert heute so gut wie nichts mehr am Kapitalmarkt. Dennoch war es früher üblich, als es noch keine alles überragenden Börsen gab, die offizielle Preise ausgeben und zwischen Käufer und Verkäufer vermitteln, dass Aktien ohne Börsen gehandelt worden sind.

Dazu ist es wichtig, zu verstehen, dass sich der Aktiengang vom Börsengang klar unterscheiden lässt, obwohl dies heutzutage häufig zusammengelegt wird. Der Aktiengang allein betrifft nur die Entscheidung des Unternehmens, weiteres Eigenkapital zu erhalten und dafür Unternehmensanteile herauszugeben. Dann wird der frei zugängliche Aktienanteil bestimmt, um welche Form der Aktien es sich handeln soll (früher wurden größtenteils Namensaktien herausgegeben, Inhaberaktien sind erst seit dem Beginn der Börsen im Onlinehandel beliebt) und der Nennwert der einzelnen Aktien wird festgelegt.

Nun war es möglich, direkt vom Unternehmen die Anteile zu erwerben und sie auch an das Unternehmen wieder zu verkaufen, denn eine Sekundärplattform wie die Börse war nicht zwischengeschaltet. So ist es auch heutzutage noch manchmal, insbesondere Familienunternehmen geben häufig Aktien heraus, möchten sich aber nicht am Börsengeschehen beteiligen und sind auch nicht an der dadurch erzeugten Aufmerksamkeit interessiert, welche oftmals gut fürs Geschäft ist. So haben Anleger auch außerhalb der Börse die Möglichkeit, Aktien direkt vom

Unternehmen zu erwerben, nicht selten in Höhe des Nennwertes. Eine exakte Berechnung des Preises wird dann schwieriger, sodass eher auf Dividenden und Unternehmenswachstum spekuliert wird als auf einen steigenden Börsenkurs.

Jedoch werden Sie mit dieser Praxis vermutlich nicht besonders viel zu tun haben, denn an der Börse lässt sich so gut wie alles finden, was das Herz begehrt. In Zeiten von digitalen Börsen, in denen das Börsengebäude hauptsächlich Büros für Mitarbeiter stellt und kaum Besucher empfängt, welche Aktien oder andere Finanzprodukte erwerben möchten, kommen Sie online an der Börse so gut wie nicht mehr vorbei.

Welche Aufgaben übernimmt eine Börse? Im Grunde genommen vermittelt sie zwischen Käufer und Verkäufer einer Aktie. Dafür ist es wichtig, zu wissen, woraus sich der Aktienkurs zusammensetzt: Und zwar ausschließlich aus Angebot und Nachfrage. Herrscht aus egal welchen Gründen momentan keine Nachfrage, sinkt der Preis und Käufer können die Aktie günstiger erwerben. Grundgedanke dahinter ist, dass bei geringerem Preis die Nachfrage nach dem Produkt deutlich steigt. Deshalb kommt es nicht vor, dass der Aktienkurs plötzlich stark abfällt und keiner weiß, weshalb das passiert, ohne dass er wieder ansteigt. Gibt es keinen ersichtlichen Grund für einen Abfall des Kurses, werden Anleger die Aktie für den günstigeren Preis erwerben, da es wahrscheinlich ist, dass der Kurs wieder steigt.

Wie setzt sich der Börsenkurs zusammen? Diesen bestimmen ebenso allein Angebot und Nachfrage der Händler. Die Börse ermittelt den Durchschnittspreis und der Kauf kommt zustande, wenn ein Anbieter eine Aktie für den Preis verkaufen möchte, zu dem ein Käufer sie erwirbt. Der Aktien- oder Börsenkurs gibt dann lediglich an, wie sich der Preis über die verschiedenen Zeiträume entwickelt hat, innerhalb eines Tages bis hin zu Jahrzehnten.

Welche Vorteile bietet eine Börse für Aktionäre? Zunächst einmal sind die Börsen stark reguliert und standardisiert. Im Gegensatz zu außerbörslichem Handel von Aktien, welchen man übrigens „over the counter" oder kurz „OTC" nennt, gibt es hier eine neutrale Vermittlerpartei. Der zumeist computergesteuerte Markt wird von kompetenten Mitarbeitern bewacht und überprüft. So wird gewährleistet, dass Käufer und Verkäufer stets einen fairen Preis bei diesen brisanten Geschäften erhalten.

Die Alternative dazu wäre ein Vertragskauf von Aktien direkt bei Unternehmen, wo die Konditionen selbst bestimmt werden können. Für Aktienanfänger und Privatanleger keine wirkliche Ausweichmöglichkeit. Des Weiteren verursachen die computergestützten Abwicklungen der Transaktionen und Käufe deutlich weniger Kosten als eine nichtstandardisierte Variante. Das liegt daran, dass täglich bis zu mehrere Millionen einzelne Trades und andere Transaktionen durchgeführt werden, welche sich nur minimal voneinander unterscheiden.

Der letzte, meiner Meinung nach essenzielle Vorteil einer Börse ist die Umsetzung des Gläubigerschutzes. Gläubiger, das sind alle Anleger bzw. Investoren in Eigenkapital des Unternehmens mit Hilfe von Aktien, haben laut dem Handelsgesetzbuch eine Berechtigung dazu, Quartalsberichte aller börsennotierten Unternehmen einzusehen. Diese werden zu genauen Terminen öffentlich gestellt und für jeden zugänglich gemacht. Enthalten sind darin beispielsweise Umsatzerlöse und Zukunftsprognosen. Nicht-kapitalmarktorientierte Unternehmen, also jene, deren Aktien nicht an der Börse gehandelt werden, sind gesetzlich lediglich zu einem Jahresabschluss einmal jährlich verpflichtet.

Nun habe ich Ihnen erläutert, welche Funktionen und Vorteile die Börse als Tauschplatz für Investoren hat, also für Anleger wie Sie. Damit diese Geschäfte jedoch zustande kommen können, müssen genügend Aktien vorhanden sein, welche als eigentliche Produkte gehandelt werden und als Basis für weitere Produkte dienen, siehe CFDs.

Eine weitere wichtige Funktion der Börse ist die Möglichkeit der Eigen- und Fremdkapitalbeschaffung für Unternehmen. Dies funktioniert an der Börse wesentlich leichter als früher, als es noch keine neutralen Vermittler gab. Deshalb möchte ich Ihnen im nächsten Kapitel die Funktionsweise und die Motivation eines Börsengangs näherbringen.

DER BÖRSENGANG EINFACH ERKLÄRT

Die Hintergründe für einen Börsengang sind eindeutig: Die gehandelten Aktien müssen nicht mehr unreguliert „over the counter" verkauft werden, sondern können der breiten Bevölkerung zugänglich gemacht werden. Zum einen erreicht das Unternehmen so eine größere Nachfrage nach den Aktien, sodass der Startpreis und die Nennwerte höher ausfallen. Zum anderen erzeugt ein Börsengang viel Aufmerksamkeit und die Gesellschaft gelangt in den Fokus vieler Experten und auch privater Anleger. Zusammengefasst lässt sich behaupten, dass der Verkauf von Aktien mit Hilfe eines Börsengangs deutlich erleichtert wird. Doch wie funktioniert nun dieser Börsengang?

Was nach außen recht einfach wirkt, ist unternehmensintern ein großer politischer Akt. Zunächst wird eine Investmentbank damit beauftragt, das betreffende Unternehmen so exakt wie möglich zu bewerten.

Dazu werden sämtliche Unterlagen betrachtet, Maschinen genau untersucht und jegliche Geheimnisse den Angestellten der Investmentbank offengelegt. Problematisch ist das für das Unternehmen nicht wegen vermeintlicher Straftaten oder Rechnungsbetrug, falls Sie daran denken, sondern bezüglich seiner Strategien im Wettbewerb. Einen gewissen Grad an Selbstständigkeit und Unberechenbarkeit wünscht sich jedes Unternehmen, um erfolgreicher am Markt agieren zu können. Aufgrund der Veröffentlichung von später folgenden Quartalsberichten und exakten Vorgaben zu Gewinnprognosen und Schulden ist dies nach dem Börsengang nur noch eingeschränkt möglich.

Nachdem die Investmentbank einen Unternehmenswert ermittelt hat, wird von ihr ein Einführungskurs für die Börse festgelegt. Dieser Kurs ist wichtig, um die Aktien des Unternehmens an Großinvestoren zum Einführungskurs zu verkaufen. Als sogenannte „Road Show“ werden Treffen zwischen Vorstandsvorsitzenden des Unternehmens und dem Investmentbanker mit potenziellen Investoren bezeichnet, die sozusagen ihr Produkt verkaufen wollen. Der Einführungskurs wird auch deshalb etwas niedriger als der erwartete Börsenkurs gelegt, damit die Investoren einen Anreiz haben, in das Unternehmen einzusteigen.

Nachdem diese Besuche vorbei sind, unterbreiten die betroffenen Großinvestoren Angebote mit Preis und Menge der Aktien, die sie erwerben möchten. Traditionell sinkt dabei der Preis pro Stück, je mehr Aktien erworben werden. Das Unternehmen hofft dabei, dass mehr Angebote zur Verfügung stehen, als Aktien ausgegeben werden. Dann kann es sich für die besten Geschäfte entscheiden und mehr Eigenkapital erzeugen. Wurden alle Aktien verkauft, wird der Börsengang mit dem ersten Tag an der Börse beendet. An der größten Börse Deutschlands in Frankfurt am Main dürfen die frisch börsennotierten Unternehmen dann die Glocke läuten, welche den Beginn des ersten Handelstages signalisiert. Nun kann der Handel beginnen, indem die Großinvestoren ihre erworbenen Aktien an der Börse anbieten und die breite Masse einsteigen kann.

Der eingenommene Wert an Geld durch das börsennotierte Unternehmen ist also mit dem Abschließen des Börsengangs beendet und wird von den Preisen an der Börse nicht mehr beeinflusst. Diese sind lediglich für den Tausch zwischen den Investoren von Relevanz und bestimmen gleichzeitig den Börsen- bzw. den Aktienkurs.

DAS SIND DIE WELTWEIT WICHTIGSTEN BÖRSEN

Insbesondere sehr große Börsen bestimmen das weltweite Geschehen der Kapitalmärkte. Das liegt daran, dass eine große Kluft zwischen den kleineren und den größeren Börsen herrscht, weshalb davon ausgegangen wird, dass ein sehr großer Anteil des weltweiten Marktvolumens allein bei den 60 größten Börsen umgesetzt wird.

Gemessen wird diese Ordnung anhand der sogenannten Marktkapitalisierung, welche sich aus der Anzahl der angebotenen Aktien multipliziert mit dem jeweiligen Preis ergibt. Einer der Gründe, weshalb ich mich dafür entschieden habe, diese Übersicht in mein Buch aufzunehmen, ist, dass anhand von Börsen sehr einfach gemessen werden kann, wie gut die wirtschaftliche Lage des Landes ist. Nicht zufällig sind die USA Vorreiter, wenn es um hochkarätige Börsen geht, aber auch die Volksrepublik China steht nicht schlecht da. Mit Hilfe von Börsen lässt sich die Stärke des inländischen Finanzmarktes erkennen, welcher umso größer ist, je höher die Beschäftigungszahlen und somit auch der Lebensstandard der breiten Bevölkerung sind. Ein guter Maßstab also, um einen Überblick darüber zu bekommen, ob sich die Wirtschaftsleistung eines Landes gut entwickelt und ob Sie als Privatanleger vielleicht ein genaueres Auge auf die eine oder andere Volkswirtschaft werfen sollten.

Insgesamt habe ich in dieser Übersicht zehn Börsen zusammengetragen, die Sie neben der Frankfurter Börse unbedingt kennen sollten. Zur Frankfurter Börse folgt im Anschluss ein eigenes Unterkapitel. Sämtliche Daten dieser Übersicht beruhen auf einer Messung vom März 2018.

Den zehnten Platz der weltweit größten Börsen belegt die Frankfurter Börse, davor befindet sich die kanadische Toronto Stock Exchange mit einer Marktkapitalisierung von 2,29 Billionen US-Dollar. Platz Acht belegt die Shenzhen Stock Exchange. Sie befindet sich in China und umfasst eine Marktkapitalisierung von 3,49 Billionen US-Dollar, was sie jedoch nur zur drittgrößten Börse des Landes macht. Dies gibt bereits eine kleine Voraussicht auf die Größe der Volkswirtschaft des Landes China. Die meisten hier gehandelten Aktien sind chinesische Unternehmen und werden in der Landeswährung Yuan gehandelt, was den Zugriff für Anleger aus dem Ausland erschwert.

Platz sieben belegt die Euronext Stock Exchange mit Sitz in Amsterdam. Wie es der Name bereits verrät, werden hier jedoch nicht nur niederländische, sondern hauptsächlich europäische Aktien aus verschiedenen Ländern gehandelt, dazu gehören neben Frankreich, Großbritannien und Irland auch Belgien und Portugal. Positiv für deutsche Anleger ist, dass in der Währung Euro gehandelt wird, obwohl nicht alle involvierten Staaten den Euro als Währung nutzen. Die Hauptursache der Gründung im Jahr 2000 lässt sich mit der Repräsentation der europäischen Wirtschaft nennen. Beachtlich ist, dass es insgesamt 30 verschiedene Aktienindizes gibt, welche die Performance der über 1.300 gehandelten Unternehmen dieser Börse abbilden. Das liegt an der weiten Vernetzung durch ganz Europa. Zusätzlich sind auch die Aktien der Börse selbst als Unternehmen an der Börse handelbar, was mittlerweile keine Seltenheit mehr ist. Auch beispielsweise an der Frankfurter Börse können sich Anleger am Unternehmen Deutsche Börse AG beteiligen und Aktien erwerben.

Den sechsten Platz belegt die London Stock Exchange mit einer gesamten Marktkapitalisierung von 4,38 Billionen US-Dollar. Damit erreicht sie fast doppelt so viel wie die Frankfurter Börse und darf sich zurecht die bedeutendste Börse Europas nennen. Lange Zeit war sie außerdem die Größte der Welt. Dies lässt sich auf ihre lange Geschichte zurückführen, da sie bereits 1801 gegründet wurde und erst nach dem Ersten Weltkrieg um 1918 durch die New York Stock Exchange von Platz eins abgelöst wurde. Mit Hilfe des im Kapitel „Alles über Aktienindizes“ erklärten FTSE 100 Index kann die Marktbewegung der Börse und gleichzeitig auch die Wirtschaftsleistung Großbritanniens verfolgt werden. Besonders ist außerdem, dass hier mit Aktien aus über 70 Ländern gehandelt wird, was sie zur internationalsten Börse weltweit macht. Als international interessierter Anleger am Kapitalmarkt führt also eigentlich kein Weg an der London Stock Exchange vorbei.

Noch größer ist jedoch die Hong Kong Stock Exchange mit einer Marktkapitalisierung von 4,46 Billionen US-Dollar. Zu erwähnen ist, dass sich diese Börse zu großen Teilen auf Hongkong konzentriert und deshalb auch in der besonderen Währung Hongkong Dollar gehandelt wird.

Die Shanghai Stock Exchange belegt mit einer Marktkapitalisierung von 5,01 Billionen US-Dollar Platz Nummer vier dieser Liste. Sie ist die größte der drei bedeutendsten chinesischen Börsen. Als ausländischer Investor erhalten Sie hier lediglich Zugriff auf B-Aktien, welche in US-Dollar gehandelt werden und größtenteils den chinesischen Markt abdecken. Die Bezeichnung B-Aktien soll allerdings nicht bedeuten, dass diese Aktien einen Nachteil gegenüber den in Yuan gehandelten A-Aktien mit sich bringen. Es handelt sich lediglich um eine Bezeichnung, um sie eindeutig voneinander zu trennen.

Der im Kapitel über Aktienindizes erläuterte Nikkei 225 bildet die drittgrößte Börse der Welt ab, welche mit über 3.500 gehandelten Aktien eine Marktkapitalisierung von 6,22 Billionen US-Dollar erreicht und in Japan ansässig ist. Die Rede ist von der Tokyo Stock Exchange. Ihre Größe und Bedeutung für den asiatischen Raum sind auch deshalb so beachtlich, weil Japan noch immer als Schwellenland gilt und sich sonst beinahe nur Industrieländer in dieser Liste wiederfinden.

Nun möchte ich zu den beiden Schwergewichten der weltweiten Börsen kommen.

Platz zwei wird durch die NASDAQ vertreten, welche insbesondere in den letzten Jahren einen starken Aufschwung erlebt hat. Grund dafür ist die Konzentration der Börse auf Start-Ups der Technologiebranche, mittlerweile beträgt ihre Marktkapitalisierung erstaunliche 10,93 Billionen US-Dollar. Besuchern der Stadt New York empfehle ich, am berühmten Times Square einmal genauer hinzusehen und das Gebäude der NASDAQ zu erkennen, welche im Übrigen die erste vollkommen elektronische Börse der Welt war. Im Gegensatz zur geschichtsträchtigen London Stock Exchange kann sie also nicht auf einen großen Erfahrungsschatz in Zeiten vor dem Internet zurückgreifen.

Eine wichtige Börse fehlt noch und ich denke, auch wenn sie bisher noch keine großen Erfahrungen mit Börsen gemacht haben sollten, werden Sie wissen, um welche es sich handelt. Platz eins der weltweit größten Börsen belegt keine geringere als die New York Stock Exchange, welche ebenfalls wie die NASDAQ in den USA ansässig ist und ihren Hauptsitz in New York an der Wall Street hat. Unfassbare 23,12 Billionen US-Dollar umfasst die Marktkapitalisierung der gelisteten Unternehmen, dabei sind hier mit 2.400 Unternehmen vergleichsweise wenige involviert. Die meisten davon stammen aus der Finanz- oder Gesundheitsbranche, aber auch beispielsweise der Energiesektor bildet einen großen Anteil. Manche Aktien lassen sich von Anlegern jedoch an den beiden großen New Yorker Börsen handeln, weshalb Sie sich nicht zwischen ihnen entscheiden müssen. Hier werden Sie vermutlich jegliche US-amerikanische Aktie finden, die Ihr Herz begehrt.

Vorgestellt: Die Frankfurter Börse

Deutsche Anleger vertrauen ihr, deutsche Anleger nutzen sie. Die Frankfurter Börse, ansässig in Frankfurt am Main, wurde 1820 gegründet, so sagt man. Jedenfalls wurde um diese Zeit die erste Aktie an der Börse gehandelt. Heute befindet sie sich am Börsenplatz 4 in der Innenstadt

Frankfurts, davor lässt sich eine berühmte Statue entdecken. Sie zeigt einen Bullen und einen Bären, welche auf dem Börsenmarkt eine umgangssprachliche Bedeutung haben. Bullenmärkte stehen für steigende Kurse, während Bärenmärkte sich durch fallende Kurse auszeichnen. Dies begründet sich auf diversen Trendtheorien, welche primäre und sekundäre Trends bezeichnen. Die bekannteste dieser Theorien, erfunden von Charles Dow, lernen Sie innerhalb dieses Buches kennen, wenn es darum geht, einen Aktienchart richtig zu lesen und zu interpretieren.

Zurück zur Börse Frankfurts: Mit einer Marktkapitalisierung von 2,22 Billionen US-Dollar ist sie die zehntgrößte Börse der Welt und dem neunten Platz, der Toronto Stock Exchange, dicht auf den Fersen. Der überwiegende Aktienhandel Deutschlands erfolgt über diese Börse, weshalb Sie von nahezu jedem Broker aus auf sie zugreifen und über sie handeln können. Der professionelle Handel läuft über den elektronischen Marktplatz Xetra, welchen jedoch auch Privatanleger nutzen können. Insbesondere im Bereich des Tradings ist dieser von Bedeutung, das hängt allerdings vom genutzten Broker ab.

Die Deutsche Börse AG ist Inhaber der Frankfurter Börse und selbst an ihr gelistet, sodass auch mit Aktien dieses Unternehmens an der größten deutschen Börse gehandelt werden kann. Wichtig für Anleger sind außerdem die Öffnungszeiten der Börse, da es in Deutschland nicht möglich ist, rund um die Uhr zu handeln. Wer das möchte, muss zu den Schließzeiten auf ausländische Börsen umsteigen, welche ich im vorhergehenden Abschnitt erläutert habe.

Aufgrund der Zeitverschiebung lassen sich so immer mehrere Börsen gleichzeitig finden, die für den Handel offenstehen. Gründe für diese Öffnungszeiten sind die Überwachung und Regulierung des Marktgeschehens, sodass gewährleistet werden kann, dass alle Transaktionen und Geschäfte transparent und fair ablaufen. Dafür sind neben den Hochleistungsrechnern ebenso eine Menge Mitarbeiter im Einsatz.

Traditionell öffnet die Frankfurter Börse von Montag bis Freitag ab 08:00 Uhr bis 20:00 Uhr die Türen für Händler. Die Öffnungszeiten der Plattform Xetra sind leicht verkürzt, von 09:00 Uhr bis 17:30 Uhr. Außerdem können auch Anleihen nur bis 17:30 Uhr gehandelt werden, dafür aber bereits ab 08:00 Uhr. Das bedeutet für Sie als Anleger, dass Sie sich stets an diese Zeiten halten müssen und geplante Transaktionen bis dahin abgeschlossen sein sollten – oder Sie haben Geduld und lassen die Order am nächsten Handelstag automatisch ausführen. Haben Sie diese Zeiten daher stets fest im Blick.

Wer sich dafür interessiert, kann das Geschehen der Frankfurter Börse täglich im Fernsehen beobachten und live dabei sein. Insbesondere die „Telebörse" berichtet auf dem Fernsehsender n-tv intensiv über den Alltag in der Börse aus dem Handelssaal. Wem diese Berichterstattung zu ausführlich ist und wer sich zum größten Teil für die deutsche Wirtschaft und deren Aktienkultur interessiert, kann alternativ auch wochentags kurz vor der Tagesschau einschalten, um die Sendung „Börse vor acht" zu sehen. Hier wird kurz und prägnant eine Übersicht über die wichtigsten Geschehnisse des Tages gegeben.

Was Sie über Aktiendepots wissen sollten

WAS SIND AKTIENDEPOTS?

Viele Aktienanleger, welche noch nicht über sehr viel Erfahrung am Kapitalmarkt verfügen, verwechseln häufig den Begriff des Aktiendepots mit dem Aktienportfolio. Bevor ich richtig in dieses Kapitel einsteige, möchte ich deshalb erst einmal den Unterschied hervorheben.

Das Aktienportfolio beschreibt die Zusammensetzung der einzelnen Aktien und Wertanlagen, die ein Anleger besitzt. Dazu gehören neben herkömmlichen Aktien auch ETFs, Anleihen, P2P-Kredite oder Edelmetalle, je nachdem. Es wird also das insgesamt investierte Kapital in einem Portfolio zusammengefasst und daraus dann die Liquidität, das Risiko und die Rendite bestimmt. Ein Aktiendepot hingegen verwaltet das Portfolio. Es bietet die Plattform zum Erwerb und Verkauf von Aktien und weiteren Finanzprodukten über eine Börse. Es lässt sich demnach sagen, dass zwischen dem Aktien-herausgebendem Unternehmen und dem Anleger mindestens zwei Faktoren eingeschaltet sind: Zum einen die Börse, über die die Aktien vertrieben werden, und zum anderen das Aktiendepot, welches den Zugang zu den Börsen ermöglicht.

Aktiendepots werden häufig auch Broker, Onlinebroker oder nur kurz Depots genannt. Unterschiede zwischen den Bezeichnungen im allgemeinen Sprachgebrauch gibt es so gut wie keine. Das liegt daran, dass ein Aktiendepot immer mit einem Broker in Verbindung steht und andersherum. Ihr persönliches Aktiendepot lässt sich demnach wie ein Konto vorstellen, auf welchem die erworbenen Wertpapiere zusammengefasst und gespeichert sind. Es listet wie bei einem Girokonto in

Übersichten auf, welche Transaktionen wann stattgefunden haben, und lässt Sie stets den Überblick darüber bewahren, wie Ihr Depot momentan aufgebaut ist. Diese Eigenschaft ist insbesondere im Tradingbereich, aber auch bei der Anwendung von Aktienstrategien enorm hilfreich. Der zugehörige Broker ist sozusagen ein Assistent, der es Ihnen ermöglicht, auf verschiedene Börsen weltweit zuzugreifen. So können Sie über eine Plattform Ihr Portfolio verwalten und gleichzeitig neue Aktien kaufen oder nicht mehr gewollte Aktien verkaufen.

Worin unterscheiden sich die einzelnen Aktiendepots voneinander? Im abschließenden Abschnitt dieses Kapitels werden Sie in Form des großen Depotvergleichs die Kategorien genau kennenlernen, auf welche es zu achten gilt. Grundsätzlich lässt sich jedoch sagen, dass sich Aktiendepots insbesondere bezüglich der Kostenstruktur, der Zugriffsmöglichkeiten und der Performance voneinander unterscheiden.

Mit Zugriffsmöglichkeiten sind insbesondere die Zugänge zu den Börsen gemeint und die damit verbundenen Kosten, denn nicht von jeder Plattform aus kostet es gleich hohe Geldsummen, mit Aktien am anderen Ende der Welt, beispielsweise über die Hong Kong Stock Exchange, zu handeln. Außerdem ist es für Trader von großem Interesse, dass die Transaktionen schnell und problemlos ablaufen, damit nicht aufgrund von Zeitverzögerungen Verluste generiert werden.

Des Weiteren befinden sich Trader oftmals mehrere Stunden am Stück auf der Plattform, sodass die allgemeine Funktionstüchtigkeit der Features eine große Rolle spielt. Vergleichen lässt sich das mit der Tatsache, ein neues Handy zu kaufen, weil das alte Smartphone zu langsam in der Bedienung ist. Bekanntlich ist die Performance bei Apple-Produkten oder anderen vergleichsweise teuren Geräten deutlich verbessert, weshalb diese auch am teuersten sind. So in etwa verhält es sich auch bei der Auswahl der Brokerplattform für Trader, die diese Plattform teilweise täglich nutzen.

WESHALB SIE SICH FÜR EIN ONLINE-AKTIENDEPOT ENTSCHEIDEN SOLLTEN

Generell stehen Ihnen immer mehrere Möglichkeiten zur Verfügung, wie und wo Sie Aktien erwerben können. Dazu gehört neben dem Onlinedepot mit Hilfe eines Brokers auch traditionell eine Bank, welche meist mit bestimmten Plattformen zusammenarbeitet. Außerdem besteht für außerbörslichen Handel auch die Variante, Aktien direkt beim Unternehmen zu erwerben. Die Nachteile gegenüber einer Börse habe ich bereits im Abschnitt „Wie funktionieren Börsen?“ erklärt. Um für ausreichend Diversifizierung zu sorgen, bleibt Ihnen also nur noch die Alternative, mit Hilfe einer Bank Aktien zu kaufen.

Das bietet den Vorteil, dass Sie eine Beratung erhalten. Ihnen wird ein von der Bank ausgebildeter Experte zur Seite gestellt, der Ihnen die Produktoptionen erklärt und der volle Übersicht über Ihre Finanzen erhält. Das senkt das Risiko einfacher Fehler, da diese oftmals durch den unüberlegten Einsatz von Kapital entstehen. Problematisch ist, dass die Beratung nicht immer neutral erfolgt. Viele Banken belohnen Ihre Mitarbeiter bei sämtlichen Verkäufen in Form von Beteiligungen oder setzen eine bestimmte Verkaufsquote voraus, die erfüllt werden muss. Ihr persönlicher Berater steht deshalb nicht selten unter Druck, seinen Kunden Produkte zu verkaufen.

Das schränkt meiner Meinung nach die Objektivität ein, insbesondere, wenn Sie dabei sind, sich für ein Produkt zu entscheiden, welches objektiv betrachtet nicht empfehlenswert ist. Des Weiteren können sich die Beteiligungen von Produkt zu Produkt unterscheiden. So erhält ein Bankberater für bestimmte Verkäufe mehr Anteile als bei anderen Verkäufen, wo möglicherweise weniger Gebühren entstehen. Auch dies führt zur Einschränkung der Objektivität durch den Experten.

Ein Vorteil bei der Entscheidung für eine Bank liegt für viele Aktionäre in der Übersichtlichkeit Ihrer Anlagen bzw. Ihres Portfolios. Nutzen Sie für Ihre Investitionen denselben Partner wie für Ihr Girokonto des täglichen Gebrauchs und für die Rücklagen in Krisenzeiten, sehen Sie Ihr Vermögen stets auf einem Blick im Onlinebanking. Praktisch ist das für die Organisation und die Verfolgung der Entwicklung der erworbenen Aktien. In den Zeiten meiner Anfänge am Kapitalmarkt habe ich diese Geschäfte ebenfalls über eine herkömmliche Bank geführt. Versprochen hatte ich mir von der Übersichtlichkeit vor allem, dass ich besser mit den Investitionen zurechtkomme und stets den Überblick behalte. Zu dieser Zeit waren jedoch Onlinebroker auch noch nicht so beliebt und geschätzt, denn es gab zugegebenermaßen vieles zu verbessern.

Seit sich insbesondere die Designs und die Möglichkeiten für Übersichten, Berechnungen und Informationen ins Positive verändert haben, sehe ich bezüglich der Übersichtlichkeit mittlerweile sogar einen Vorteil gegenüber Banken. Aufgrund der Tatsache, dass Sie als Anleger selbst die Aktien erwerben und dafür keine Hilfe weiterer Personen benötigen, wissen Sie auch genau, wo Sie welche Informationen finden.

Die Transparenz steigt. Bei herkömmlichen Geschäften in Banken erhalten Sie in den meisten Fällen nicht solche exakten Überblicke und Informationen über Ihre Anlagen bzw. müssen diese erfragen. Deshalb finde ich, dass ebenso die Übersichtlichkeit durch den Einsatz von leicht zu bedienenden Onlinebrokern deutlich erhöht wurde. Und übrigens: Innerhalb dieses Buches lernen Sie außerdem noch, wie Sie Aktien in der Praxis erwerben, damit Sie auch schon am Anfang stets die Kontrolle über Ihr Depot behalten.

Vor kurzer Zeit noch waren Banken durch Ihre Partnerschaften mit Fondsgesellschaften bezüglich des Verkaufs von Aktienfonds sehr beliebt. Dies hat sich zwar weiterhin nicht geändert, jedoch bieten mittlerweile auch die meisten Onlinebroker Aktienfonds und Sparpläne für die Produkte an, welche kostengünstig besparbar sind. Damit wurden die Zugänge zu Finanzprodukten, in denen Banken gegenüber Onlinebrokern überlegen waren, umgekehrt. Heutzutage sind es die Broker, welche die große Welt der Finanzprodukte für die breite Masse öffnen. Dabei ist es egal, ob es sich um Aktien, ETFs, CFDs, Derivate, Fonds, Währungen oder weltweite Investitionen handelt: Die Broker bieten häufig mehr Möglichkeiten.

Viele Anleger sind davon überzeugt, dass angelegtes Kapital unter Nutzung einer Bank sicherer ist als bei Investitionen mit Hilfe von Onlinebrokern. Diese gefühlte Sicherheit lässt sich durch die Präsenz von Banken begründen. Sie bieten die physische Komponente, welche Onlinebroker aufgrund von Kostengründen einsparen. Es gibt Berater, Ansprechpartner nicht nur am Telefon und zu guter Letzt die Bank als Gebäude und Marke, welche nicht selten mit einem guten Ruf glänzt. Das schafft Vertrauen.

Dieses jedoch unbegründet: Investiertes Kapital in die meisten Finanzprodukte, dazu gehören Aktien, ETFs, Fonds und vieles mehr, ist Teil des sogenannten Sondervermögens. Dieses bleibt auch bei Insolvenz des Plattformbetreibers oder der Bank bestehen, da es nicht in die Bilanz des Unternehmens aufgenommen werden darf, welches das Kapital bzw. Ihre Einlagen verwaltet. Es ist daher nicht von Relevanz, ob die Onlineplattform zahlungsunfähig wird und ihre Kunden verliert: Ihre Aktien verlieren Sie dadurch nicht.

Das Einzige, was sich in Gefahr befindet, ist nicht investiertes Kapital auf dem persönlichen Konto der Plattform. Deshalb gilt als oberste Regel: Niemals Geld überweisen und unnötig lange mit der Investition warten. Die Plattform könnte Insolvenz anmelden und muss Ihnen das Geld dann nicht zurückzahlen. Dennoch ist dies kein Grund, auf den Onlinebroker zu verzichten, denn überwiesenes Geld wird meist entweder sofort genutzt oder direkt per Lastschriftverfahren eingezogen, sobald Sie eine Investition tätigen. So landet quasi zu keinem Zeitpunkt nicht-investiertes Kapital auf Ihrem Konto bei der Brokerplattform.

Das Beste kommt zum Schluss: Wer bisher noch nicht von der Onlinevariante überzeugt ist, der wird es spätestens nach dem Gesichtspunkt „Kosten“ sein. Denn diese unterscheiden sich auf lange Sicht gewaltig. Wie Sie sich vorstellen können, lassen sich gezahlte Gebühren direkt von der Rendite der Investition abziehen. Eine Rendite von 20 Prozent nützt niemandem etwas, wenn dabei 18 Prozent Gebühren fällig werden – außer dem Verkäufer des Deals. Aus diesem Grund gilt generell: Die Kostenstruktur so gering wie möglich halten und so individuell auf Sie und Ihr Anlageverhalten zuschneiden, wie es nur geht.

Banken befinden sich hier klar im Nachteil. Ihre Kostenstruktur ist vergleichsweise starr und für Kleininvestoren ähnlich wie für Großanleger. Außerdem fallen für jegliche Transaktionen Gebühren an, sei es der Aktienkauf, der Aktienverkauf oder nicht selten auch die monatliche Depotverwaltung. Grundsätzlich lässt sich von einem Kostenfaktor von zwei bis vier Prozent bei Investitionen mit Hilfe von Banken ausgehen.

Anders ist es bei Onlinebrokern: Hier fallen lediglich Gebühren für den Kauf bestimmter Aktien an und manchmal auch für den Verkauf. Depotführungsgebühren wurden bei nahezu allen Betreibern abgeschafft. Außerdem sind die Gebühren denkbar gering: Heutzutage kosten jegliche Transaktionen auf der Plattform TradeRepublic exakt einen Euro – denkbar gering, wenn der Preis der Aktie mehrere Hundert Euro beträgt. Außerdem werden Sparpläne für ETFs häufig komplett kostenlos angeboten, weil kaum Kosten entstehen.

ETFs werden, wie Sie bereits wissen, passiv von Computersystemen verwaltet. Es fallen somit weder Kosten für Beratung noch für Verwaltung an, lediglich für die Vermittlung und die Betriebskosten der Plattform, welche sich offensichtlich mit sehr niedrigen Beiträgen decken lassen. Bei Onlinebrokern liegt der Kostenfaktor häufig unter einem Prozent. Ein Argument, welchem die wenigsten Anleger widerstehen wollen und dies auch nicht müssen – in den weiteren Aspekten haben Online-Aktiendepots ja auch bereits die Nase vorn.

DER GROßE AKTIENDEPOTVERGLEICH

Die Kriterien für einen aussagekräftigen Vergleich

Damit ein solcher Vergleich möglichst viel Nutzen für Sie hat, ist es wichtig, zu unterscheiden, wie investiert wird, also beispielsweise, ob das Portfolio aktiv verwaltet wird oder nicht. Das liegt ganz einfach daran, dass Trader andere Anforderungen an den Broker haben, als es passive ETF-Sparer haben.

Aus diesem Grund werde ich zum Ende des Abschnitts kein allgemeingültiges Fazit geben, sondern eines für die verschiedenen Anlagekategorien. Ziel sollte es natürlich dennoch sein, sein eigenes Depot übersichtlich zu gestalten, weshalb ich außerdem noch auf das beste Gesamtpaket eingehen möchte. Die Kriterien für diesen Vergleich werden bei den verschiedenen Anforderungsprofilen der Anlageklassen zwar unterschiedlich gewichtet, sind von den Kategorien her aber weitgehend dieselben.

Zum einen spielt die Verfügbarkeit der verschiedenen Finanzprodukte eine große Rolle, also die **Auswahl** an Aktien, ETFs, Sparplänen und auch an Handelsplätzen, falls Sie zwischen Börsen switchen möchten. Dazu zählt dann auch die Internationalität und die hiermit verbundenen Extrakosten.

Das zweite Kriterium soll die allgemeine **Kostenstruktur** für den Alltag am Kapitalmarkt sein. Da Sie sich höchstwahrscheinlich ein breit gestreutes Portfolio mit passiven und aktiven Strategien zulegen werden, gilt es, auf die Gesamtkosten zu achten, welche beispielsweise je Order oder sogar für die Kontoführung anfallen können.

Ein weiterer Aspekt sind die vorgegebenen **Mindestsparraten** bzw. Mindestorderraten. Insbesondere Anleger, welche noch keine großen Erfahrungen mit dem Kapitalmarkt gemacht haben, verfügen häufig über vergleichsweise wenig Kapital. Dagegen gehen Broker vor, indem hohe Mindestsparraten gesetzt werden, häufig im Bereich von 100 oder mehr Euro. Problematisch ist dabei, dass dennoch eine breite Diversifizierung gewollt ist, das monatlich verfügbare Kapital von beispielsweise 200 Euro aber lediglich auf zwei Anlagen verteilt werden kann. Dem kann jedoch auf bestimmten Plattformen entgegengewirkt werden.

Schlussendlich spielt aber auch noch die **Performance** der Plattform eine Rolle. Dazu gehört neben schneller Ausführung von Käufen und Verkäufen auch eine schnelle Vollziehung von Überweisungen in beide Richtungen, sodass die Wartezeit wegen nicht verfügbarem Geld deutlich verkürzt wird. Nicht selten kommt es vor, dass insbesondere junge Plattformen aufgrund geringer Kostenstrukturen für die Anleger schnell überlastet sind, weil die tatsächliche Nutzung die Erwartungen deutlich übersteigt. Das ist dann nicht nur nervig, sondern kostet wertvolle Zeit in einem sehr schnelllebigen Business.

Des Weiteren gehört zur Performance auch das Design der Seite und die Übersichtlichkeit, beispielsweise von getätigten Transaktionen, Gewinnen und Daten über die jeweiligen Aktien.

Bevor es nun so richtig los geht, möchte ich noch anmerken, dass es sich hierbei um ein sehr dynamisches Konstrukt handelt. Brokerplattformen erfreuen sich erst seit einigen Jahren an großer Beliebtheit und erlangen insbesondere durch den Tradingbereich Zuspruch. Das liegt ganz einfach daran, dass Trading erst durch diese Plattformen so wirklich möglich gemacht worden und nun der breiten Masse zugänglich ist. Daher ist es nicht verwunderlich, dass viele Onlinebroker sich an ihre Kunden anpassen und die Plattform für das Trading attraktiver gestalten. Das soll insbesondere bedeuten, dass bei vielen Plattformen mittlerweile gleichbleibende geringe Summen je Aktienkauf und -verkauf anfallen, sodass ein Trade immer gleich teuer ist. Das schafft Übersichtlichkeit, vor allem für unerfahrene Trader. Dass das für Sie als aktiver Anleger keinesfalls schlecht ist, haben Sie wahrscheinlich bereits gemerkt. Viele Plattformen behandeln Sie somit als Trading-Kunden und stellen Ihnen die nötigen Werkzeuge zur Verfügung, Sie nutzen die Plattform jedoch auf Ihre Art und zahlen noch weniger Gebühren.

Vergleich ausgewählter Broker

Innerhalb dieses Vergleichs möchte ich auf die Aktiendepotanbieter TradeRepublic, Flatex, Consorsbank und justTRADE eingehen. Diese Auswahl erfolgt aufgrund meiner persönlichen Erfahrungen, da ich selbst bereits diese Plattformen genutzt habe und gleichzeitig andere Plattformen ausschließen konnte, die mich leider nicht überzeugt haben. Sie können also mit einem guten Gewissen davon ausgehen, dass jede dieser vier Plattformen bereits eine gute Wahl ist und es sich nun zum Großteil um feine Unterschiede handelt. Sie können die gewählte Plattform so an Ihr Profil anpassen.

Beginnen möchte ich mit der Anzahl an angebotenen Finanzprodukten, allen voran ETFs. Insgesamt bieten justTRADE und Flatex jeweils über 1.000 verschiedene ETFs an, was eine beachtlich hohe Zahl ist. Hier werden Sie mit Sicherheit auch unbekanntere ETFs zum Besparen finden. Dagegen liegen die Consorsbank und TradeRepublic mit in etwa der Hälfte an angebotenen ETFs deutlich dahinter.

Was jedoch für viele Privatanleger deutlich interessanter ist, betrifft die Anzahl der kostenlos sparfähigen ETFs. Das liegt daran, dass es heutzutage kaum noch nötig ist, Gebühren für Sparpläne dieser Art zu zahlen, weil viele bereits kostenlos sind und sich quasi immer ein geeigneter Sparplan auf einer Plattform findet, welcher keine Gebühren verlangt. Bei den kostenlos angebotenen ETF-Sparplänen hat weiterhin justTRADE die Nase vorn, denn es bleiben 1.000 dafür Verfügbare, somit sind alle auf dieser Plattform angebotenen Sparpläne mit ETFs kostenlos besparbar. Bei TradeRepublic handelt es sich um über 400 Stück, was dennoch eine meist ausreichende Auswahl ist und nicht unterschätzt werden sollte. Die beiden anderen Plattformen reihen sich in dieser Liste mit etwa 250 Stück dahinter ein.

Die Verfügbarkeit von Börsen aus dem europäischen Ausland ist bei keinem dieser Broker wirklich eingeschränkt. Je nach Plattform fallen hier jedoch hohe Gebühren an. Ich empfehle deshalb eindeutig, sich zumindest am Anfang auf den deutschen oder europäischen Markt zu konzentrieren und erst nach gesammelter Erfahrung auf den weltweiten Markt auszuweichen. Das soll jedoch nicht bedeuten, dass nicht beispielsweise auch weltweite ETFs bespart werden sollen, denn diese können Sie ja bereits mit diesen Brokern kostenlos besparen und Ihr Portfolio diversifizieren.

Nun möchte ich auf den nächsten, meiner Meinung nach wichtigsten Faktor eingehen: die Kostenstruktur der jeweiligen Anbieter. Bezüglich ETFs habe ich bereits ausgewertet, dass es hierbei nicht nötig sein wird, Gebühren zu zahlen. Ist der gewünschte Sparplan bei einem Anbieter nicht verfügbar, suchen Sie sich für den Sparplan einen bestimmten Anbieter, der ihn im Sortiment hat. Das funktioniert auch deshalb so einfach, weil es mittlerweile so gut wie keine Kontoführungsgebühren mehr gibt. Ein Grund, weshalb ich mich für einen Vergleich dieser vier Plattformen entschieden habe, ist genau dieser Faktor. Die hohe Konkurrenz an Brokern macht es für einzelne Plattformen fast unmöglich, zu bestehen, wenn Depotführungsgebühren verlangt werden. Deshalb fallen sie bei den vorgestellten Plattformen vollständig weg. Wo liegen dann die großen Unterschiede bezüglich der Kostenstruktur? Den mit Abstand bedeutendsten Teil machen hierbei die Ordergebühren aus. Je Transaktion, also Kauf und teilweise auch Verkauf, werden je nach Anbieter niedrige oder hohe Gebühren fällig, welche als fixe oder variable Positionen auftreten können. Fixe Gebühren beschreiben dabei eine festgeschriebene Summe je Order – unabhängig von der Höhe der Transaktion. Variable Kosten passen sich der Orderhöhe an und werden deshalb in Prozent angegeben. Grundsätzlich gilt, dass insbesondere hohe Summen von einer fixen Struktur profitieren, für niedrige Summen empfiehlt sich eine variable Kostenstruktur.

Auf der Plattform Consorsbank wird diese Kostenstruktur jedoch noch einmal zusätzlich gemischt. Je Trade fallen standardgemäß 4,95 Euro an und 0,25 Prozent der Orderhöhe. Limitierte Angebote können diese Summen zwar verringern, auf lange Sicht erzeugt dies aber keinen großen Unterschied.

Der Anbieter Flatex kann sich hierbei leider nicht wirklich von Consorsbank abheben. Je nach Partner, welcher die Aktien anbietet, fallen 3,90 Euro oder 5,90 Euro Gebühren an. Die meisten der gehandelten Produkte fallen zwar unter die teurere Kategorie, jedoch gibt es auch mehr als genug Möglichkeiten, mit der günstigeren Kategorie, den sogenannten Gold-Partnern, zu handeln. Konzentrieren Sie sich auf die zweite Kategorie, schränkt Sie das in Ihrem Handeln dennoch ein.

Die beiden weiteren Plattformen stechen deshalb klar heraus. Zum einen TradeRepublic, auf welcher für jede Order ein Euro fällig wird, unabhängig von der Höhe oder Dauer, in der die Aktie gehalten wird. Bei justTRADE können Sie sogar vollständig kostenlos traden, handeln, investieren und verkaufen. Klare Sieger sind in der Kategorie Kostenstruktur also diese beiden Plattformen. Falls Sie sich fragen, weshalb ich dennoch Consorsbank und Flatex zu dieser Übersicht hinzugefügt habe, kann ich Sie beruhigen. Die Antwort darauf werden Sie noch erfahren. Wie sieht es bezüglich der Mindestorder bei den einzelnen Anbietern aus? Besonders für Investoren, die breit diversifizieren wollen und keine enorm hohen Summen als Investitionskapital bereitstellen können, ist dieses Kriterium ebenso enorm wichtig. Hier wird das große Defizit der Plattform justTRADE offensichtlich, denn die Mindestorder beträgt 500 Euro je Kauf. Verkäufe sind dabei nur theoretisch beschränkt – bereits ab einem Euro ist der Verkauf möglich. Ebenso verhält es sich bei Flatex, welche auch nur Orders ab 500 Euro Volumen annehmen. TradeRepublic und Consorsbank arbeiten in dieser Kategorie ohne Beschränkung.

Und die Mindestsparraten? Vermutlich noch wichtiger als die einzelne Order sind für Sie als Langzeitanleger die Mindestsparraten, um nicht das gesamte Kapital in einen ETF oder einen Aktienfonds investieren zu müssen, wenn auch teilweise ohne Gebühren. Miserabel schneidet die Plattform justTRADE auch in dieser Kategorie ab. Aufgrund der Tatsache, dass erst gar nicht die Möglichkeit geboten wird, Sparpläne auszuführen, müssen die Anteile monatlich oder quartalsweise manuell erworben werden. Das geht zwar ohne Gebühren, setzt jedoch die Mindestorder von 500 Euro voraus.

Diese ist meist nur leistbar, wenn quartalsweise gespart wird, sodass nur vier Mal jährlich Geld eingezahlt wird anstatt monatlich. Dann ist eine Summe von monatlich mindestens 167 Euro zwar realistisch, aber nicht wirklich erstrebenswert. Häufig wird eine breitere Diversifizierung gewünscht und auch von mir empfohlen. Deshalb hat die Konkurrenz die Nase vorn: Flatex bietet Sparraten ab 50 Euro an, TradeRepublic und Consorsbank bereits ab 25 Euro monatlich. Besonders die Abstufung auf 25 Euro scheint für viele Anleger sehr interessant zu sein, denn sie ist erfahrungsgemäß sehr beliebt.

Selbst ich halte bei etwas risikoreicheren Sparplänen Summen von 40 Euro, wobei die Erhöhung auf 50 Euro sicherlich kein großes Problem wäre. Dennoch freue ich mich, dass das bei diesen Anbietern problemlos und bei vielen ETFs sogar kostenlos möglich ist. Nun bleibt noch die Performance über, die im besten Fall hohe Kostenstrukturen ausgleichen sollte. Insbesondere wohlhabende Investoren mit einem hohen zur Verfügung stehenden Investitionskapital legen auf diese Kategorie viel wert. Das liegt logischerweise daran, dass die Gebühren von teilweise fünf Euro nicht ins Gewicht fallen. Wie Sie sich vermutlich bereits vorstellen können, schneiden in dieser Kategorie die Broker besser ab, welche höhere Gebühren verlangen.

Das eingenommene Geld wird dann idealerweise dazu verwendet, das Design zu verbessern, die Server zu warten und zu stabilisieren und möglichst viel Kundenservice zu bieten. So ist es jedenfalls bei der Plattform Flatex, welche aufgrund des ansprechenden Designs und der einfachen Bedienung sehr beliebt unter deutschen Anlegern ist. Nicht zutreffend ist diese Aussage bei Consorsbank, welche trotz der hohen Gebühren häufig von Kunden in die Kritik genommen wird. Speziell die Mobile-App steht im Fokus der Kritiker. Zwar hatte ich persönlich keine großen Performanceprobleme beim Nutzen der Plattform, jedoch lässt sich im Vergleich zur vorgestellten Konkurrenz begründet behaupten, dass die Aufmachung und das Design langsam, aber sicher erneuert werden könnten. Doch wie sieht das bei den beiden kostengünstigen Brokern dieses Vergleichs aus? JustTRADE wirkte auf mich solide und zum Trading geeignet, jedoch habe auch ich bemerkt, dass das Budget für die Performance und die Desktopversion verhältnismäßig knapp ist.

Das Design ist schlicht und die Plattform verfügt nur über die nötigsten Informationen, welche dem Verbraucher auch an die Hand gegeben werden. Wirkliche Besonderheiten waren nicht zu finden. Wichtig zu erwähnen ist außerdem, dass man als Anleger erst einmal in die Welt von justTRADE einsteigen muss, um die Plattform wirklich zu verstehen. Nach einigen Stunden auf der Seite und den ersten Ordern war die Bedienung jedoch kein großes Problem mehr. Noch besser jedoch habe ich die Performance bei TradeRepublic empfunden. Die App läuft flüssig und ist gut strukturiert, legt den Fokus jedoch sehr stark auf den Tradingbereich. Das liegt daran, dass diese Plattform hauptsächlich mit Transaktionen Gewinn generiert und die Kunden deshalb zu häufigen Trades ermutigen möchte. Vor diesem Hintergrund ist vermutlich auch die Idee entstanden, TradeRepublic ausschließlich als Mobile-App zur Verfügung zu stellen, was die Nutzer an das Smartphone bindet. Eine klassische Onlineseite zum Handeln gibt es deshalb für diese Plattform nicht, sodass ich von der Nutzung des Laptops abrate.

Hierfür ist wirklich das Smartphone am besten. Dieser Kritikpunkt ist meiner Meinung nach die größte Schwäche von TradeRepublic, das Gesamtpaket stimmt aber dennoch. Wenn Sie aufmerksam gelesen und meine Ausführungen verfolgt haben, werden Sie sicher bereits bemerkt haben, welche beiden Aktiendepots ich am stärksten empfehle. Grundsätzlich machen Sie mit der Nutzung keines der vier Unternehmen etwas falsch – jedes hat nun einmal seine Stärken und Schwächen. Am meisten überzeugt hat mich allerdings TradeRepublic. Insbesondere in den letzten zwei Jahren ist aus dieser Plattform der heutige Marktführer für deutsche Anleger im Tradingbereich entstanden, aber auch langfristige Investoren werden hier glücklich. Stört es Sie nicht, dass es sich hierbei nur um eine App handelt, welche nicht auf dem Laptop genutzt werden kann, sehe ich keinen Grund, TradeRepublic nicht zu nutzen.

Sind Sie jedoch eher der physische Typ und benötigen Ihren Laptop, speziell, um Order mit hohen Summen durchzuführen, ist das vollkommen verständlich. Dann nutzen Sie je nach Belieben justTRADE, Flatex oder Consorsbank. Aufgrund der nicht vorhandenen Mindestorder sehe ich die Consorsbank jedoch an stärkster Position – hinter TradeRepublic.

Testen Sie außerdem die unterschiedlichen Aufmachungen der Plattformen aus, vielleicht überzeugt Sie die Performance eines Anbieters und Sie haben trotz Gebühren nicht mehr das Bedürfnis, zu einer günstigen Plattform wechseln zu wollen.

Der Alltag am Kapitalmarkt: Lernen, mit Aktien umzugehen

DEN AKTIENKURS VERSTEHEN

Jeder an der Börse notierten Aktie wird ein individueller Aktienkurs zugeordnet, welche den Preis der Aktie wiedergibt. Der Aktienkurs ist somit nichts anderes als eine Übersicht über die Preisentwicklung einer bestimmten Aktie. Bestimmt wird dieser Preis jedoch nicht durch das Unternehmen oder durch den Einfluss der Börse, sondern ausschließlich aufgrund von Angebot und Nachfrage durch die Aktionäre, also unter anderem auch durch Sie höchstpersönlich. Fragt ein Anleger eine Aktie nach, kann die Börse nur einen Preis herausgeben, wenn mindestens eine Person bereit ist, seine Aktienpakete zu diesem Preis zu verkaufen. Dann versucht die Börse, einen möglichst fairen Preis zu berechnen, sodass sich Anbieter und Käufer sozusagen in der Mitte treffen.

Mit Hilfe eines einfachen Beispiels möchte ich dieses Tauziehen um den fairsten Preis einmal genauer erläutern. Die Aktien der X AG sind momentan sehr gefragt. Die Börse erhält viele Anfragen von Käufern, die zu unterschiedlichen Preisen die Aktien kaufen möchten. Darunter befinden sich zehn Personen, die nur maximal bereit wären, 50 Euro pro Aktie zu bezahlen. Weitere zehn Nachfrager würden sogar 60 Euro je Aktie zahlen und fünf Personen sind so reich, dass sie sogar 65 Euro je Aktie zahlen würden. In Wirklichkeit würden diese Zahlen jedoch deutlich näher beieinander liegen.

Da die Börse die Interessenten und deren maximale Zahlungsbereitschaft nun kennt, widmet sie sich der Anbieterseite. Ziel der Verkäufer ist es natürlich immer, das Produkt zu einem möglichst hohen Preis zu verkaufen, damit viel Gewinn entsteht. In diesem Fall ist es so, dass fünf

Personen je eine Aktie bereits für 48 Euro verkaufen würden. Weitere zehn Personen fordern einen Preis von mindestens 58 Euro und zusätzliche zehn Anbieter schätzen den Wert einer Aktie der X AG so hoch ein, dass sie erst ab einem Preis von 70 Euro verkaufen würden. Was ist nun das Ziel der Preissetzung? Da die Börse als Vermittler sämtliche Zahlungsbereitschaften der potenziellen Käufer und die Mindestpreise der Verkäufer kennt, wird sie aufgrund dieser Transparenz versuchen, so viele Deals wie möglich abzuschließen.

Der Hintergrund dieses Gedankens ist, dass jeder abgeschlossene Deal für zwei zufriedene Nutzer steht. Der Aktienbesitzer oder der Aktienkäufer ist zufrieden, sobald die gewünschten Daten eingehalten worden sind. Das bedeutet, dass stets versucht wird, die Anzahl der Deals zu maximieren und somit die dabei entstandenen Renten klein zu halten. Mit Rente ist die Differenz des Preises zwischen der Zahlungsbereitschaft des Kunden bzw. der minimalen Verkaufshöhe des Anbieters gemeint. Hierbei handelt es sich um einen volkswirtschaftlichen Fachbegriff.

Auf welchem Niveau wird die Börse nun den Preis festlegen? Nehmen wir an, der Preis würde 48 Euro betragen, sodass sich zehn Verkäufer finden. Die Nachfrage wäre in diesem Fall enorm hoch, da jeder der potenziellen Käufer bereit wäre, mehr Geld für eine Aktie zu bezahlen, als es der Preis tatsächlich vorgibt. Es kommt zu einem Nachfrageüberschuss, da nicht alle Interessenten bedient werden können.

Der Preis muss also erhöht werden. Was passiert jedoch bei einem Preis von 70 Euro, den zehn Verkäufer der Aktie der X AG als Mindestpreis verlangen? Es findet sich leider kein Käufer – ein Angebotsüberschuss entsteht, da alle Verkäufer bereit wären, zu diesem Preis zu verkaufen. 25 Verkäufer treffen auf keinen einzigen Käufer, das kann nur eine logische Folge haben: Der Preis muss gesenkt werden. Möglicherweise haben Sie sich selbst schon errechnet, wie hoch der optimale Preis ist, damit möglichst viele Deals zustande kommen. Es handelt sich hierbei um einen Preis von 59 Euro. Für diesen Preis sind 15 Verkäufer bereit, ihre Aktien zu verkaufen, da fünf von ihnen mindestens 48 Euro gefordert haben und zehn von ihnen mindestens 58 Euro forderten. 15 Verkäufer treffen hierbei auf 15 Käufer, und zwar auf alle die, welche bereit waren, bis zu 60 Euro je Aktie zu bezahlen. So kommen 15 Deals zustande, was für dieses Beispiel der maximalen Anzahl entspricht.

Die Preisbildung an der Börse können Sie sich also so vorstellen, dass zu jeder Aktie ständig diese Berechnungen ausgeführt werden, bis mindestens ein Deal zustande kommt. Dann wird dieser zum jeweiligen Preis ausgeführt und als Wert in den Aktienkurs übernommen. Auf kurz oder lang entsteht so eine gezackte Linie, welche innerhalb eines Tages mit kleinen Veränderungen versehen wird, aber auch über einen langen Zeitraum betrachtet werden kann, etwa über mehrere Jahre.

Was sind die Einflussfaktoren auf den Aktienkurs?

In diesem Abschnitt möchte ich nun darauf eingehen, was Anleger dazu bewegt, Aktien zu kaufen oder diese verkaufen zu wollen. Das geschieht nämlich nur selten aufgrund eines Bauchgefühls und hat meist klare Gründe. Welche dabei eine große Rolle spielen und an welche Sie vielleicht denken, die aber gar nicht auftauchen, erfahren Sie im Folgenden.

Eine zentrale Rolle spielt dabei die **Gewinnentwicklung des Unternehmens**. Veröffentlicht wird sie im Zuge der Quartalsberichte vier Mal jährlich. Generell lässt sich jedoch nicht behaupten, dass der Aktienkurs steigt, wenn auch die Zahlen eine positive Entwicklung prognostizieren. Das liegt vor allem an den Erwartungen der Anleger. Denkt ein Großteil der Aktionäre, dass sich der Gewinn im nächsten Quartal verdoppelt, die Prognosen jedoch „nur" eine Gewinnsteigerung von 70 Prozent vorhersagen, wird der Aktienkurs sinken, weil die Erwartungen der Anleger nicht erfüllt worden sind. Es ist deshalb essenziell, stets die herausgegebenen Prognosen mit den Erwartungen der Aktionäre zu vergleichen, um begründete Schlüsse auf den Aktienkurs ziehen können. Sollte die Gewinnprognose die Erwartungen sogar noch übersteigen, wird sich das positiv auf den Aktienkurs auswirken, da viele am Erfolg teilhaben wollen.

Eine weitere Einflussgröße sind **Unternehmensfusionen**. Eine Fusion findet statt, wenn ein Unternehmen ein anderes erwirbt und somit übernimmt, ein Konzern gebildet wird und diese Gesellschaften nun keine Konkurrenten mehr sind, sondern gemeinsam am Markt agieren. Ein berühmtes Beispiel hierfür sind die zwei Riesen des Elektronik-Einzelhandels Saturn und MediaMarkt, welche nach außen hin in Konkurrenz stehen, in Wahrheit aber einen Konzern bilden. Vorteile von Fusionen sind unter anderem das Teilen von Fähigkeiten und Knowhow im produzierenden Gewerbe, aber auch Kostensenkung durch das Senken des Aufwands für Verwaltung und Vertrieb.

Des Weiteren resultiert die Kaufentscheidung der Übernahme so gut wie immer aus Analysen von Experten und einer Durchleuchtung des Unternehmens, welches übernommen werden soll. Das erwerbende Unternehmen muss also im kleineren Unternehmen Potenzial sehen, sonst würde es nicht zu der Fusion kommen. Die Folgen für den Aktienkurs sind so gut wie immer steigende Preise, insbesondere beim kleineren Unternehmen. Das liegt zum einen an den hohen Erwartungen der Anleger, aber auch daran, dass das Mutterunternehmen Aktien des Tochterunternehmens kaufen muss, um dieses übernehmen zu können. Steht deshalb eine Fusion an, ist es stets hilfreich, davon als einer der Ersten zu erfahren und mit Aktienkäufen zu reagieren.

Der **generelle Trend am Markt** lässt sich meist vom entsprechenden Leitindex ablesen. In Deutschland bestimmt deshalb der DAX, wie die momentane Stimmung der Anleger ist. Verunsichert werden

Aktionäre dann, wenn der DAX sinkt und nur aufgrund der Regionalität die eigenen Aktien abbildet, die eigene Branche aber nicht schneidet. Dennoch wird auch diese Aktie sinken, eben aufgrund der generellen Stimmung. Das könnte ein guter Zeitpunkt sein, weitere Anteile günstig zu erwerben und große Gewinne einzufahren.

Wie bereits im vorangegangenen Abschnitt erläutert, bestimmt nichts anderes den Marktpreis als Angebot und Nachfrage. Und da Menschen nicht immer rational handeln, lassen sich viele Steigerungen des Aktienkurses auf **Trends** zurückführen, welche die Anleger im alltäglichen Leben beeinflussen. Dann beurteilen manche Aktionäre den Medieneinfluss sehr stark und lassen dies den Aktienkurs spüren, indem sie je nach positiven oder negativen Meldungen entweder kaufen oder verkaufen. Sehr anfällig für solche Stimmungsschwankungen sind Marken oder Modelabels. Oft geraten diese scharf in die Kritik, wenn ein neues Modell nicht positiv bei der Öffentlichkeit ankommt. Doch sobald es wieder neue Aufreger über andere Marken gibt, über die berichtet und sich der Kopf zerbrochen werden kann, ist die alte Geschichte wieder vergessen. Der Aktienkurs ist jedoch in der kurzen Zeit stark gesunken. Logisch, denn die betroffene Marke war ja stark in der Kritik. Nur war diese völlig unabhängig von Verkaufszahlen und Bekanntheitsgrad, welcher aufgrund der durch die Kritik erhaltenen Aufmerksamkeit meist sogar erhöht werden kann. Die Aktienkurse erholen sich von kurzen Aussetzern durch kleinere Skandale häufig sehr schnell: Nutzen Sie diese Eigenschaft für sich aus.

Politische Ereignisse können den Kapitalmarkt ebenfalls beeinflussen oder sogar ganz auf den Kopf drehen. Die Besetzung wichtiger Ämter, allen voran das Amt des Finanzministers, hat großen Einfluss auf die Entwicklung des gesamtdeutschen Marktes. Beispielsweise eine Ablösung des amtierenden Bundesfinanzministers Olaf Scholz durch einen anlagefreundlichen Kandidaten einer konservativeren Partei wie der

CDU oder FDP hätte zur Folge, dass möglicherweise Unternehmenssteuern gesenkt werden. Die Folge: Die Aktienkurse erleben einen Aufschwung, weil Unternehmen effizienter wirtschaften können und höhere Gewinne einfahren.

Weiterhin wird durch **Feiertage im Zeichen des Konsums** auf Aktienkurse Einfluss genommen. Gemeint sind Boomphasen für nahezu alle Unternehmen zu festen Zeiten: In der Weihnachtszeit und nach dem Neujahr, wenn die verschenkten Gutscheine und das Geld für Konsumgüter genutzt werden. Weitere Beispiele sind aber auch der Black Friday oder Ostern und Muttertag für die Floristikbranche. Die Unternehmen generieren stärkere Umsätze und prognostizieren höhere Gewinne, ein klarer Fall für die traditionelle Wertsteigerung der Aktienkurse zum Jahresende und zu den weiteren besonderen Anlässen, je nach Branche.

Dies hat jedoch noch einen weiteren Grund, welcher sich bei den **Fondsmanagern** finden lässt. Diese sind stets bemüht, das Jahr mit Erfolgen abzuschließen und eine saubere Bilanz für die betreuten Fonds zu erzeugen, damit sie für Anleger attraktiver wirken. Aus diesem Grund werden zum Jahresende insbesondere Aktien gekauft, welche in der kürzeren Vergangenheit stark gewachsen sind und einen hohen Preis aufweisen. So kann die Performance des Aktienfonds poliert werden. Dahinter versteckt sich jedoch mehr Schein als Sein.

Den letzten in dieser Übersicht vorgestellten Einflussfaktor sind die **Zinsen**, welche die Europäische Zentralbank kontrolliert. Die EZB entscheidet darüber, wie viele Zinsen für Kredite und herkömmliche Finanzprodukte zum Sparen bei den Banken herausgegeben werden. Höhere Zinsen bedeuten für den Aktienmarkt, dass sich viele Anleger zurückziehen und ihr Kapital lieber auf sichere Weise, beispielsweise auf einem Sparbuch, anlegen. Zusätzlich müssen nun auch die Unternehmen höhere Zinsen für Fremdkapital, also Kredite von Banken, zahlen, was den Gewinn schmälert. Die Erhöhung der Zinsen durch die EZB wirkt sich demnach doppelt schlecht auf den Aktienmarkt aus, weshalb Anleger berechtigterweise Angst vor diesem Ereignis haben. Momentan ist jedoch noch nicht abzusehen, wann die Tage der Nullzinspolitik vorüber sind, sodass Sie noch keine Vorbereitungen dafür treffen müssen.

DER AKTIENCHART

Den Aktienchart richtig lesen

Der Aktienchart stellt mit Hilfe eines Diagramms dar, wie sich der Aktienkurs über einen bestimmten Zeitraum verändert hat. Dabei werden ausschließlich die jeweiligen Preise erfasst, die zu Ausführungen eines Deals zwischen Käufer und Verkäufer führten. Für Sie als Anleger ist es daher essenziell, zu wissen, wie Sie mit dem Aktienchart umgehen können, und dass Sie ihn verstehen.

Der erste Schritt ist die Einstellung des gewünschten Zeitfensters. Es reicht von einem Tag bis hin zur maximalen Zeit, in der die jeweilige Aktie, der Index oder der Fonds für den Handel verfügbar waren. Achten Sie dabei stets auf die Bezeichnung der Skalen, wie, wenn Sie ein anderes Diagramm lesen würden. Zwar wirken die Schwankungen binnen eines Tages aufgrund des Formats ähnlich groß wie die Schwankungen innerhalb eines Monats, jedoch ändert sich der Punktewert an der vertikalen Achse des Diagramms kaum.

Der Abstand zwischen einzelnen Punkten beträgt bei der Intraday-Ansicht, welche die Geschehnisse eines Tages erfasst, oftmals mehrere Zentimeter. Innerhalb eines Monats schrumpft dieser Abstand auf Millimeter zusammen. Ein Austesten der Bedienung des jeweiligen Tools in Ihrem Broker hilft dabei, es besser kennenzulernen. Es ist daher ratsam, einfach einmal ein bisschen mit dem Chart zu spielen, um ein besseres

Gefühl für das Format und das Verhalten des Aktienkurses zu bekommen.

Des Weiteren existieren drei essenziell Linien, welche Sie sich meist ganz einfach per Mausklick vom Programm anzeigen lassen können. Zum einen handelt es sich um die sogenannte **Widerstandslinie**. Diese Linie verläuft an den Spitzen des Charts und verbindet somit die maximalen Hochs eines bestimmten Zeitraums miteinander. Üblicherweise wissen die Beobachter des Charts um diese Linie und werden die Aktie verkaufen, wenn der vermeintlich höchste Punkt der Vergangenheit erreicht ist. Das hat zur Folge, dass auch diesmal die Höhe erst einmal nicht übertroffen wird. Sie erhalten so eine Übersicht darüber, wann der höchste Punkt des Charts erreicht ist und somit auch, wann Sie für viel Geld verkaufen können. Empfehlenswert ist die Betrachtung dieser Linie innerhalb unterschiedlicher Zeiträume, je nachdem, wie langfristig Ihre Investition aufgebaut ist. Auch während eines generellen Tiefs lässt sich eine Widerstandslinie betrachten, dann jedoch über einen deutlich kürzeren Zeitraum. Erst wenn die Mehrheit der Anleger davon überzeugt ist, dass die Aktie das Potenzial hat, deutlich weiter als über den Widerstandspunkt zu steigen, wird der Aktienkurs diese Marke überwinden.

Ähnlich verhält es sich mit der **Unterstützungslinie**. Im Gegensatz zur eben erläuterten Gerade verläuft die Unterstützungslinie an der unteren Seite des Charts und verbindet die Tiefs. Sie legt fest, wie weit die Aktie im Normalfall fallen wird, bis Anleger wieder einsteigen und die Aktie kaufen, sodass der Aktienkurs zu steigen beginnt. Außerhalb von Krisen und Skandalen geschieht es selten, dass der Kurs unterhalb dieses Niveaus sinkt und wenn doch, haben Sie die Aktie dennoch zu einem günstigen Preis erworben, auch wenn sie danach noch ein kleines Stück weiter fällt. In den allermeisten Fällen fängt sich der Kurs dann wieder und es folgen kleinere Gewinne. Nach solchen Tiefphasen dauert es oftmals eine Weile, bis sich der Kurs auf sein ursprüngliches Niveau zurückkämpft.

Die letzte wichtige Linie für den Einstieg in den Aktienchart ist die **200-Tage-Glättung**. Wie es der Name bereits verrät, handelt es sich hier um einen Durchschnittswert über 200 Tage, welcher sich durch den Aktienchart schlängelt. Die Marke von 200 Tagen wurde von Experten als optimales Maß für die Bestimmung von kurzfristigen sowie langfristigen Entwicklungen ausgerufen und hat sich seitdem etabliert. Dennoch ist es nicht ungewöhnlich, dass auch weitere Durchschnittswerte über veränderte Zeiträume genutzt werden. Mit Hilfe dieser Werte lässt sich auf einen Blick erkennen, ob sich der aktuelle Preis über oder unter dem Durchschnittswert befindet, also ob er momentan vergleichsweise hoch oder niedrig ist.

Wichtig für Berufstrader und Experten sind schnelle Überblicke über das Marktgeschehen, weshalb Durchschnittswerte und Indizes eine enorme Rolle in ihrem Alltag spielen. Für Sie ist es vorerst nur notwendig, das Konzept sowie die Logik hinter den verschiedenen Linien zu verstehen, um daraus eine Schlussfolgerung für Ihr Handeln abzuleiten. Jetzt kaufen oder noch warten? Jetzt verkaufen oder noch halten? Das sind typische Fragen, die Sie insbesondere im Tradingbereich beschäftigen, Ihnen aber auch bei der Anwendung von Aktienstrategien begegnen werden.

Die Trendlinientheorie nach Dow

Der berühmte Wirtschaftsjournalist Charles Dow, nach dem zum einen Teil der berühmte Dow-Jones-Index benannt wurde, gilt als Urvater der Trendlinien-Theorie und war bekannt für seine passiven Anlagestrategien. Charles Dow interessierte sich nicht für kurzfristige Schwankungen oder Panikverkäufe, das zeigt auch diese Theorie. Sie ist meiner

Meinung nach zentral für ein besseres Verständnis des Aktiencharts und wird Ihnen dabei helfen, sich gezielter mit diesem auseinanderzusetzen.

Außerdem wird hiermit der Grundstein des Tradings gelegt, welchen Sie benötigen, um die einzelnen Trading-Strategien nachvollziehen zu können, die im Zusatz-Kapitel zum Thema Trading am Ende des Buches folgen.

Die Trendlinientheorie, oftmals auch als Dow-Theorie bezeichnet, ist eine Erklärung des Aktiencharts. So gut wie jeder Trader kennt sie, aber auch jeder erfolgreiche Aktionär sollte schon einmal von ihr gehört haben. Sie dient zur Grundlage der technischen Chartanalyse, auf welche Sie zumindest zum Teil als langfristiger Anleger zurückgreifen werden.

Charles Dow beschreibt die Schwankungen des Aktiencharts als die Bewegungen auf dem Meer. Der primäre Trend wird mit der Ebbe und Flut gleichgesetzt, welche sich sozusagen abwechseln und nur schwer aufzuhalten sind. Kommt die Flut, wird sie alles überstrahlen. Ist momentan Ebbe, gibt es für Anleger nicht viel zu holen. Sekundärtrends werden durch die Wellen im Ozean verkörpert, welche also deutlich kleiner als die Flut bzw. die Ebbe sind und deshalb nicht ansatzweise so große Auswirkungen haben.

Zu guter Letzt gibt es noch die tertiären Trends, welche die nahezu unbedeutenden kleinen Bewegungen auf den einzelnen Wellen sind und sowohl auf die Wellen als auch auf die Flut so gut wie keine Auswirkungen haben. Des Weiteren gibt Charles Dow in seiner Theorie noch ungefähre Zeiträume an, an denen sich die jeweiligen Trends orientieren. Primärtrends können von einem bis zu mehreren Jahren andauern, sekundäre Trends einige Wochen und tertiäre Trends können bereits nach einem Tag schon wieder der Vergangenheit angehören.

Da sich Dow hauptsächlich mit den primären Trends auseinandersetzte und diese für sich zu nutzen wusste, gliederte er sie zusätzlich noch einmal in drei Phasen. Wichtig ist, vorher zu erwähnen, dass ein Trend laut Dow immer gilt, bis er vollständig umgekehrt ist und somit der entgegengesetzte Trend eingesetzt hat. Solange dieser nicht eindeutig Bestand hat, gilt für Charles Dow der vorherige Trend weiterhin. Die erste Phase des aufsteigenden Primärtrends wird als Akkumulationsphase bezeichnet. Der Trend befindet sich in der Entwicklung und insbesondere gut informierte Experten kaufen die Aktie zu einem noch niedrigen Preis. Im Anschluss folgt die sogenannte „öffentliche Beteiligung", in der informierende Anleger in die Aktie einsteigen und somit den Trend so richtig eröffnen. In der letzten Phase folgt der Einkauf durch die breite Masse, genannt Distributionsphase. Der Preis der Aktie erreicht enorm hohe Summen und die Experten, welche bereits sehr zeitig eingestiegen waren, verkaufen ihre Anteile aufgrund von zu hohem Risiko eines Absturzes wieder. Der Trend kehrt sich um und die Anleger verkaufen ihre Anteile in umgekehrter Reinfolge. Ist die Unterstützungslinie erreicht, kann das Trend-Spiel von neuem beginnen.

Selbstverständlich stellt sich dieses Phänomen in der Praxis nicht so eindeutig dar, wie es hier beschrieben ist. Aufgrund vieler Konsolidierungen während eines Trends herrscht oftmals Unsicherheit über die exakte Entwicklung des Kurses. Wenn jedoch die Distribution einsetzt und der Aktienkurs innerhalb kurzer Zeit stark ansteigt, wird es höchste Zeit, das vermutlich bald sinkende Boot zu verlassen.

AKTIENKENNZAHLEN FÜR INVESTITIONEN

Da Sie es bereits bis hier hin in meinem Buch geschafft haben, wissen Sie nun schon eine ganze Menge über Aktien und wie Sie mit Ihnen Renditen generieren können. In den folgenden beiden zentralen Abschnitten des Hauptkapitels „Der Alltag am Kapitalmarkt" wird dieses Wissen nun abgerundet und durch Kennzahlen sowie Strategien erweitert, damit Sie erfolgreich am Kapitalmarkt bestehen können.

Aktienkennzahlen dienen sozusagen als Grundlage für Aktienstrategien, sind aber auch unabhängig davon nützlich. Mit Hilfe dieser Statistiken lässt sich ohne weiteres Vorwissen über ein Unternehmen oft bereits herauslesen, ob sich eine Investition lohnen könnte. Selbstverständlich muss vor dem Kauf der Anteile noch eine exakte Analyse stattfinden, ob die Aktie nun wirklich erworben wird. Dennoch ist es essenziell, sich mit Hilfe dieser Daten einen Überblick über verschiedene Branchen und einzelne Unternehmen zu verschaffen. Zunächst gebe ich Ihnen eine Übersicht über ausgewählte Kennzahlen und die Berechnungen dazu, damit Sie stets in diesem Buch nachschlagen können. Die Erklärungen folgen im zugehörigen Fließtext unterhalb der Übersicht.

BEZEICHNUNG DER KENNZAHL	**ERKLÄRUNG**
MARKTKAPITALISIERUNG	Aktienkurs x Anzahl herausgegebener Aktien
UMSATZ	Produktpreis x Anzahl verkaufter Produkte
STREUBESITZ	Anteil der an der Börse verfügbaren Aktien
PROFITABILITÄTSKENN-ZAHLEN	
GEWINN	Umsatz – Kosten = Jahresüberschuss

GEWINNWACHSTUM	Historische sowie prognostizierte Gewinnentwicklung
EIGENKAPITALRENDITE	Gewinn / Eigenkapital
STABILITÄTSKENNZAHLEN	
EIGENKAPITALQUOTE	Eigenkapital / Bilanzsumme
FREMDKAPITALQUOTE	Fremdkapital / Bilanzsumme
VERSCHULDUNGSGRAD	Fremdkapital / Eigenkapital
BEWERTUNGSKENNZAHLEN	
KGV	Aktienkurs / Gewinn je Aktie
KBV	Aktienkurs / Buchwert je Aktie
DIVIDENDENRENDITE	Dividende / Aktienkurs

Die schon oft erwähnte **Marktkapitalisierung** werden Sie mittlerweile wahrscheinlich kennen, sie darf jedoch in keiner Übersicht fehlen. Zur Beurteilung der Größe eines Unternehmens ist sie unausweichlich und findet deshalb in den meisten großen Indizes Anwendung. Die alleinige Betrachtung lässt noch keine Aussage über die Marktentwicklung einer Anlage zu, der historische Vergleich hingegen schon. Wer anhand der Marktkapitalisierung erkennen möchte, wie positiv oder negativ die Performance eines Unternehmens war, muss stets einen Vergleich mit der Marktkapitalisierung der vergangenen Zeitfenster anstellen.

Ähnlich wie die Marktkapitalisierung sagt auch der **Umsatz** eines Unternehmens etwas über die Größe aus, jedoch nicht beispielsweise über die Profitabilität. Er setzt sich aus der Anzahl aller verkauften Produkte multipliziert mit deren Preis zusammen, sodass mit Hilfe dieser Größe jegliche Kosten der Unternehmung gedeckt werden müssen, bevor ein Gewinn erwirtschaftet werden kann. Konstante Umsätze auch in wirtschaftlich schweren Zeiten deuten auf einen sicheren Stand der Gesellschaft hin, welche die Aktienkurse vermutlich auf hohem Niveau halten kann.

Eine weitere Größe ist der sogenannte **Streubesitz**. Er gibt an, wie viele Aktien aktuell an der Börse gehandelt werden, allerdings in Prozent. Die absolute Anzahl ist bei weitem nicht so relevant, denn der prozentuale Anteil lässt eine Aussage darüber zu, wie viel Prozent der herausgegebenen Aktien des Unternehmens in den Händen von Großinvestoren, wie beispielsweise den Gründern oder speziell dafür gegründeten Fonds, sind. Ein hoher prozentualer Anteil ab in etwa 50 Prozent deutet auf eine enorme Marktdichte hin und somit auch auf eine gute Handelbarkeit. Außerdem kann es bedeuten, dass bei der Ausgabe von Stammaktien eine Unternehmensübernahme bevorsteht, da der überwiegende Anteil an Stimmrechten nicht mehr bei den Gründern bzw. ursprünglichen Inhabern liegt.

Nun möchte ich mich den Kennzahlen widmen, welche etwas über die Profitabilität aussagen. Anders als die drei eben besprochenen Größen erlauben die nun Folgenden ein Urteil über den Gewinn bzw. den wirtschaftlichen Erfolg des Unternehmens am Markt. Die wichtigste dieser Größen ist der **Gewinn**. Traditionell wird er berechnet, indem alle Kosten vom Umsatz abgezogen werden. Dazu gehören neben Personal- und Materialkosten auch Steuern, Abschreibungen und beispielsweise die zu zahlenden Zinsen für Fremdkapital. Im Handelsgesetzbuch wird eindeutig festgelegt, welche Größen für die Gewinnberechnung zulässig sind. Diese Größe wird dann im Jahresabschluss veröffentlicht, sodass es zu einer einheitlichen Berechnung kommt. Im internen Rechnungswesen kann der Gewinn anders ausfallen, da es hierfür keine vorgeschriebenen Regeln gibt, an die sich gehalten werden muss. Wie das Unternehmen intern rechnet, ist ihm überlassen, weshalb solche Zahlen mit einem gesunden Abstand betrachtet werden sollten.

Der offizielle Gewinn wird im Jahresabschluss veröffentlich und ist nach Standards genormt berechnet worden. Als Anleger erhalten Sie mit Hilfe des Gewinns eine Aussage darüber, wie erfolgreich das Unternehmen im vergangenen Jahr gewirtschaftet hat, und können diese Größe auch mit den vergangenen Jahren vergleichen. Ein sich dort abzeichnender Gewinnzuwachs geht meist mit einem stetigen Wachstum des Aktienkurses einher. Einfacher lässt sich dieser Vergleich mit dem **Gewinnwachstum** feststellen. Aufgrund der Vorgabe dieser Größe können Anleger auf einen Blick erkennen, wie das Gewinnwachstum zum einen in den nächsten Jahren prognostiziert wird, zum anderen aber auch, wie es sich in den letzten Jahren entwickelt hat. Experten vergleichen dazu nicht nur die unternehmensspezifischen Größen untereinander, sondern vergleichen diese auch beispielsweise mit der Branche oder der Region. Eine ziemlich nützliche Größe also, damit nicht einzelne Geschäftsjahre vieler Unternehmen betrachtet werden müssen.

Die letzte zur Kategorie der Profitabilitätskennzahlen gehörende Größe ist die **Eigenkapitalrendite**. Aktionäre können anhand dieser Zahl erkennen, wie rentabel das eigene Geld im Unternehmen eingesetzt wird. Es wird dafür der erwirtschaftete Gewinn des aktuellen Jahres durch das gesamte Eigenkapital geteilt, zu dem unter anderem auch die verkauften Aktien gehören. Eine hohe Eigenkapitalrendite regt Anleger auch deshalb dazu an, weitere Aktien zu erwerben, weil das Unternehmen das eingesetzte Geld sehr effizient nutzt. Eine Kapitalerweiterung eines Unternehmens mit hoher Eigenkapitalrendite ist daher sehr beliebt unter Anlegern, weil die Nachfrage nach neuen Aktien hoch ist.

In diesem Absatz werde ich auf die Aktienkennzahlen eingehen, welche Aussagen über die finanzielle Stabilität des Unternehmens erlauben. Dazu gehört zum einen die sogenannte **Eigenkapitalquote**. Sie errechnet sich, indem das gesamte Eigenkapital der Unternehmung durch die Bilanzsumme, also die Summe aus Eigen- und Fremdkapital, geteilt wird. Es ergibt sich ein Wert, der nicht unter 30 bis 40 Prozent sinken sollte, denn dann ist die finanzielle Absicherung stark gefährdet.

Ähnlich verhält es sich mit der **Fremdkapitalquote**. Wie Sie sich bereits denken können, wird nun das Fremdkapital durch die Bilanzsumme geteilt. Ein Wert oberhalb von 70 Prozent hat dieselben Auswirkungen wie ein Wert unterhalb von 30 Prozent der Eigenkapitalquote. Ist die Fremdkapitalquote jedoch sehr niedrig, bedeutet das eine gute Stabilität des Unternehmens, insbesondere in Krisenzeiten. Aktien solcher Firmen sind vor allem bei sicherheitsbewussten Anlegern beliebt, da nicht zu erwarten ist, dass sie großen Schwankungen unterliegen werden.

Eine weitere Möglichkeit, finanzielle Stabilität der Passivseite der Bilanz auszudrücken, bietet der **Verschuldungsgrad**. Fremdkapital wird nun direkt durch das Eigenkapital geteilt, die Schlussfolgerungen bleiben jedoch dieselben. Ein hoher Grad an Verschuldung senkt die Kreditwürdigkeit, sorgt somit auch für höhere Zinsen und generell für Schwierigkeiten bei der Kapitalbeschaffung. Von Unternehmen mit einem Verschuldungsgrad von über 400 Prozent würde ich persönlich die Finger lassen, denn dann übersteigen die Schulden das Eigenkapital um das Vierfache.

Das Beste kommt immer zum Schluss, denn nun folgen drei enorm wichtige Kennzahlen, die Ihnen im Umgang mit Aktien vermutlich täglich begegnen werden. Das Kurs-Gewinn-Verhältnis, kurz **KGV**, gibt an, wie hoch der Preis einer Aktie im Verhältnis zu ihrem Gewinn ist. Ein KGV von acht bedeutet, dass Sie beispielsweise 80 Euro für eine Aktie zahlen, während der Gewinn zehn Euro jährlich beträgt. Zwar klingt ein niedriges KGV nun ziemlich verlockend, da Sie bereits nach acht Jahren den Preis der Aktie mit Gewinn ausgeglichen hätten und Sie dennoch zum aktuellen Preis verkaufen könnten, jedoch geht dies auch mit hohem Risiko einher. Deshalb sind unter Anlegern insbesondere mittlere bis hohe KGVs beliebt, es handelt sich um einen Bereich von zehn bis zwanzig. Aktionäre der Value-Strategie hingegen setzen eher auf niedrige KGVs unter zwölf, da hier die Wertentwicklung unsicher ist und sich die Aktionäre eine hohe Wertsteigerung erhoffen – doch dazu im nächsten Abschnitt mehr.

Des Weiteren ist das Kurs-Buch-Verhältnis, genannt **KBV**, eine sehr interessante Kennzahl. Dabei wird der Preis einer Aktie durch den Buchwert, welcher meist sehr ähnlich zum Eigenkapital ist, geteilt. Mit Hilfe des KBV wird angegeben, wie hoch das Vermögen des Unternehmens ist, welches auf einen einzelnen Euro fällt, der investiert wird. Liegt der Buchwert nun über eins, gilt das Unternehmen als tendenziell zu hoch bewertet, da die Preise das Vermögen übersteigen. Ein KBV unter eins deutet eine zu niedrige Bewertung an, sodass Anleger für einen Euro Investitionskapital beispielsweise 1,10 Euro Unternehmenskapital erhalten. Legitimiert wird dies durch Verlusterwartungen der kommenden Jahre, die aber nicht immer eintreten müssen. Manche Investoren hoffen auf eine Umkehr und investieren in diese hochrisikovollen Aktien mit einem Buchwert unter eins.

Zuletzt möchte ich noch kurz auf die **Dividendenrendite** eingehen. Mit Hilfe dieser Kennzahl wird angegeben, wie hoch die Dividendenzahlungen je investiertem Euro in den vergangenen Jahren gewesen sind. Das bedeutet bei einem Aktienkurs von 50 Euro und einer ausgeschütteten Dividende von zwei Euro eine Dividendenrendite von vier Prozent, was in etwa einem guten Durchschnittswert entspricht. Eine hohe Dividendenrendite wird insbesondere für die Dividendenstrategie von Bedeutung, denn hierbei legen es Anleger gezielt darauf an, hohe Dividenden zu erwirtschaften.

AKTIENSTRATEGIEN FÜR DIE EINFACHE ANWENDUNG

Aktienstrategien verfolgen langfristig ein gemeinsames Ziel: Die Kriterien eines guten Investments bestmöglich erfüllen, um so über einen angemessenen Zeitraum hinweg hohe Renditen mit ausgeglichenem Risiko zu erzielen. Ein solches Investment ist zwar vorher nicht abzusehen, aber dennoch kann versucht werden, so nah wie möglich an diese Idealvorstellung heranzukommen. Dazu werden Aktienstrategien genutzt und auch ich empfehle Ihnen, die eine oder andere in Ihr eigenes Portfolio aufzunehmen, denn viele von ihnen klingen zugegebenermaßen sehr verlockend.

Ich persönlich habe noch nicht jede dieser vorgestellten Strategien selbst ausprobiert, dennoch habe ich viele Erfahrungen gesammelt und verstanden, wie sich der Kapitalmarkt in bestimmten Situationen verhält. Aus diesem Grund kann ich sehr gut einschätzen, welche Strategie es wert ist, ausgetestet zu werden. Deshalb habe ich jene Strategien, in denen ich kein Potenzial sehe und die in der historischen Analyse auch keine entsprechenden Ergebnisse erzielt hätten, nicht in diese Übersicht aufgenommen. Ich bin mir sicher, dass ich dennoch genügend Möglichkeiten zusammengetragen habe, die sich für Ihr Portfolio eignen.

Die bekannteste aller Aktienstrategien ist zweifelsohne die **Buy-and-Hold-Strategie**. Bestimmte Aktien werden zu einem bestimmten Zeitpunkt erworben und lange gehalten, sodass sie ihr Potenzial zu hoher Sicherheit ausschöpfen. Die Auswahl der Aktien erfolgt dabei mit Hilfe einer Konzentration auf bestimmte Regionen, Branchen oder Unternehmensgrößen. Beliebt ist beispielsweise eine Mischung aus Blue-Chip-Aktien, welche als Marktführer oder Monopole gelten und deshalb wenig Konkurrenz zu befürchten haben. Möglich sind aber auch Value-Aktien, welche einen hohen Kursgewinn erwarten lassen, jedoch erst nach einigen Jahren zünden könnten.

Dies ist aber nicht direkt Bestandteil der Strategie, welche zugegebenermaßen sehr simpel ist. Die Auswahl der Aktien und auch die Anzahl werden nämlich nicht vorgeschrieben. Kern der Überlegung ist, dass jegliche Schwankungen, wirtschaftliche Tiefphasen und sogar Krisen ausgesessen werden. Essenzielle Voraussetzung dafür ist jedoch, dass die gewählten Unternehmen als krisensicher und finanziell eigenständig gelten, zum Beispiel durch eine hohe Eigenkapitalquote oder einen geringen Verschuldungsgrad. Dann ist es wahrscheinlich, dass die Unternehmung auch nach vielen Jahren noch Bestand hat und aufgrund des Wirtschaftswachstums sicher im Börsenkurs steigen wird. Vorteile dieser Strategie sind bei breiter Diversifizierung mit Blue-Chip-Aktien eine konstante Wertsteigerung des Aktienkurses sowie jährliche Dividenden. Gehemmt wird die Buy-and-Hold-Strategie durch die Liquidierung des eingesetzten Kapitals, welches meist erst nach einem Jahrzehnt ausgezahlt wird. Außerdem schwingt ein gewisses Risiko mit, wenn nicht wenigstens mit mindestens fünf bis zehn Aktien diversifiziert wird.

Die **Dividendenstrategie** orientiert sich an Dividendenzahlungen durch Unternehmen, welche hohe Gewinne erwirtschaften, und zielt auf ein passives Einkommen ab, da die Dividenden über das Jahr hinweg auf dem Konto des Aktionärs landen, welcher nach dem Kauf der Aktien keine weiteren Kosten hat, da Aktiendepots mittlerweile kaum noch gebührenpflichtig sind, wenn keine Transaktionen getätigt werden. Diese Strategie schließt sich deshalb direkt an die Buy-and-Hold-Strategie an und gibt einen genauen Fahrplan vor, welche Aktien erworben werden. Man orientiert sich an Dividenden-Indizes, wie beispielsweise dem Div-DAX, welcher die 30 dividendenstärksten Unternehmen Deutschlands abbildet, gemessen anhand der kürzeren Vergangenheit.

Werden die obersten Aktien ausgewählt, muss häufig viel Kapital aufgewendet werden, um die einzelnen Aktien zu erwerben. Aufgrund der hohen Marktkapitalisierung sind auch die Preise entsprechend hoch. Dafür wird der Anleger mit zukunftssicheren, meist Blue-Chip-Aktien, entlohnt. Ich empfehle außerdem, unterschiedliche Dividenden-Indizes zu nutzen, um nicht von einer Region abhängig zu sein. Vorteile dieser Strategie sind durch das passive Einkommen offensichtlich, denn die Liquidität wird erhöht, wobei das Risiko überschaubar bleibt. Fraglich ist die erwartete Rendite durch den Verkauf der Aktien nach einiger Zeit, da sich in der kurzen Frist die Kurse bei Blue-Chip-Aktien nur selten stark verändern. Werden jedoch, ähnlich wie bei der Buy-and-Hold-Strategie, wirtschaftliche Tiefs über viele Jahre ausgesessen, wird die erwartete Rendite vermutlich erreicht und Sie werden neben den Dividenden ebenso Rendite durch den Verkauf der Aktien erhalten.

Ein Ausläufer dieser Strategie nennt sich **Dividend-Low-5-Strategie.** Hierbei werden die untersten fünf gelisteten Unternehmen eines Dividenden-Indizes erworben und es wird neben den hohen Dividendenzahlungen ebenfalls auf eine Wertsteigerung gehofft. Der Grund für diese Wertsteigerung soll durch die hohen Zahlungen an Dividenden legitimiert sein, denn Dividendenzahlungen können sich nur Unternehmen leisten, welche hohe Gewinne erwirtschaften und sich deshalb im Aktienkurs nach oben kämpfen werden. Eine sehr wacklige Theorie, die auch in die andere Richtung ausschlagen kann. Der Kurs könnte auch stagnieren. Deshalb empfehle ich, Abhilfe zu schaffen, indem für diese Strategie kein großer Anteil am Investitionskapital genutzt wird oder indem sie ausgeweitet wird und noch mindestens zwei weitere

Dividendenindizes herangezogen werden, optimalerweise aus unterschiedlichen Regionen. So sollten Unternehmen erworben werden, die nicht in denselben Branchen aktiv sind.

Die Dividend-Low-5-Strategie baut neben den Dividenden auch auf der sogenannten Value-Strategie auf, welche es auf langfristige Wertsteigerungen abgesehen hat, dazu erfahren Sie gleich mehr. Zuvor möchte ich noch auf Gefahren hinsichtlich der unterschiedlichen Dividendenstrategien eingehen. Nicht alle Unternehmen solcher Dividenden-Indizes sind aufgrund ihrer Großzügigkeit oder enorm hoher Gewinne gelistet, sondern damit Anleger geworben werden. Mit Hilfe von hohen Dividenden erlangen Firmen die Aufmerksamkeit von Aktionären, was dafür sorgt, dass der Aktienkurs steigt und die Nachfrage nach Aktien dieses Unternehmens vorhanden ist, sodass eine Kapitalerweiterung stattfinden kann. Der Verkauf weiterer Aktien wird aufgrund des Bekanntheitsgrades von Anlegern der Dividendenstrategie gut angenommen. Das neugewonnene Kapital wird dann oftmals in Projekte gesteckt, die eine gewisse Unsicherheit mit sich bringen und die konservative Aktionäre nicht glücklich machen werden. Der Aktienkurs bricht mehr oder weniger stark ein und das Unternehmen muss sich beweisen, denn nun hat es mehr Kapital zur Verfügung. Gelingt das Projekt und es werden weiterhin Gewinne generiert, wird sich das auch auf den Aktienkurs auswirken. Ebenso verhält es sich jedoch auch bei Verlusten.

Die Konsequenz meiner Ausführung ist demnach, dass Verfolger insbesondere der Dividend-Low-5-Strategie über das Risiko informiert sein sollten, dass manche der Unternehmen große Investitionen planen, deren Erfolg nicht gesichert ist, die aber notwendig für das wirtschaftliche Bestehen der Unternehmung sind. Diese Strategie bürgt demnach im Gegensatz zum Erwerb von Blue-Chip-Aktien ein gewisses Risiko, welches nicht zu unterschätzen ist.

Die eben angekündigte **Value-Strategie** zeichnet sich dadurch aus, dass Anleger insbesondere auf langfristige Kurssteigerungen hoffen – und mit langfristig meine ich wirklich sehr langfristig. Nicht ungewöhnlich ist, dass manche Aktienkurse bis zu zehn oder sogar 15 Jahre brauchen, bis sie durchstarten oder sich die Anleger mit Value-Strategie dazu entscheiden, die Aktie abzustoßen.

Was ist die Grundlage der Strategie? Zum einen sind es bestimmte Kennzahlen, die erwarten lassen, dass das Unternehmen möglicherweise bald so richtig zündet. Dazu zählen beispielsweise ein KBV unter eins und ein KGV unter zehn, aber auch eine Eigenkapitalquote über 30 Prozent sowie ein konstantes Gewinnwachstum geben Aufschluss darüber, welche Unternehmen eine goldene Zeit erwartet. Neben diesen festen Kriterien, auf die sich die Anleger selbst festlegen, indem sie Prioritäten setzen, gibt es auch andere Möglichkeiten, wie Anleger eine Value-Aktie auswählen können. Meist handelt es sich dann um das Gebiet, auf dem sich der Anleger gut auskennt und weiß, wie das Geschäftsmodell funktioniert. Aufgrund von fundiertem Wissen wegen beispielsweise beruflicher oder privater Involvierung in den Bereich kann dann genauer eingeschätzt werden, welche Aktien viel Potenzial versprechen.

Insbesondere bei Start-Ups in der Technologiebranche hat sich diese Strategie in der Vergangenheit bewährt, wie es unter anderem der NASDAQ-100-Index zeigt. Nachteile der Value-Strategie sind die schwache Liquidität und die Unsicherheit der Anlage. Es ist nicht abzusehen, ob die ausgewählten Aktien sich alle gut entwickeln oder keine von ihnen. Für Sicherheit ist eine breite Diversifizierung notwendig, die jedoch die mögliche Rendite deutlich schmälert: Doch genau darauf haben es Verfolger dieser Strategie eben abgesehen.

Eine sehr beliebte und auch von mir geschätzte Strategie beruht auf der **Theorie der relativen Stärke** von Lewy. Mit Hilfe der relativen Stärke wird berechnet, wie sich einzelne Aktien im Vergleich zu einem gesamten Markt, abgebildet anhand eines Indizes, verhalten. Zu Beginn wird sich ein Index herausgesucht, mit dem diese Strategie durchgeführt werden soll. Zu empfehlen sind insgesamt zwei Indizes, ein regionaler und ein weltweiter beispielsweise. Denkbar ist jedoch auch ein Branchen-Index und ein branchenübergreifender Index. Weil die Verwendung dieser beiden so nahe liegt, könnte ich mir gut vorstellen, diese Strategie mit dem DAX und dem MSCI World oder dem MSCI Emerging Markets durchzuführen, aufgrund der höheren Schwankungen würde ich mich für zweiteren entscheiden, was ich in der Realität sogar getan habe. Wie dem auch sei, um mich soll es nicht gehen, sondern um die Berechnung der relativen Stärke. Aufbauend auf dem Prinzip, dass Gewinner weiterhin gewinnen und Verlierer dann nicht plötzlich aufhören, zu verlieren, wenn Sie in die Aktie einsteigen, werden bei dieser Strategie deshalb die performancestärksten Unternehmen gekauft, gemessen anhand der vergangenen Entwicklung.

Anfang oder Ende jeden Monats müssen Sie als Aktionär nun aktiv werden und sich Notizen machen, denn die Ausführung dieser Strategie erfordert etwas mehr Arbeit, als es bei den bisher Vorgestellten der Fall war. Notieren Sie sich zu den gelisteten Aktien des herangezogenen Index die Schlusskurse der letzten 15 Monate. Bilden Sie nun einen Durchschnittswert und teilen Sie den aktuellen Kurswert der Aktie durch den durchschnittlichen Kurswert.

Errechnen Sie einen Wert unter eins, hat die Aktie in der Vergangenheit verloren und Sie können sie für diese Strategie nicht gebrauchen. Führen Sie diese Berechnung mit allen Aktien des Index durch und küren Sie Ihre fünf Gewinner. Von diesen erwerben Sie nun in gleichem Maße Aktien – und das jeden Monat. Nach Ablauf des Monats errechnen Sie neu, sollten Sie neue Gewinner feststellen, müssen Sie Ihr Depot laut der Strategie entsprechend überarbeiten und die Anteile umschichten. Mit einer Laufzeit von maximal drei Jahren würde ich diese Strategie ausprobieren und sie mit anderen Indizes vergleichen. Waren Sie nach Ablauf von drei Jahren von der Rendite enttäuscht, lohnt es sich oft, auf einen anderen Index umzusteigen.

Was sind die Nachteile dieser Strategie? Zum einen erfordert sie im Gegensatz zu den Alternativen viel Aufwand, der meiner Meinung nach dennoch im Rahmen bleibt. Des Weiteren sorgt das häufige Umschichten dafür, dass Gebühren für den Erwerb der Aktien und häufig auch für den Verkauf anfallen, abhängig von der Plattform. Wie lässt sich dem entgegenwirken? In dem Kapitel „Was Sie über Aktiendepots wissen sollten" habe ich Ihnen verschiedene Broker vorgestellt, welche mit unterschiedlichen Kostenstrukturen arbeiten. Ich empfehle Ihnen, diese Strategie insbesondere bei hohen Summen an verfügbarem Kapital einzusetzen, damit die Gebühren nicht ins Gewicht fallen. Des Weiteren ist es bei einigen Plattformen möglich, ab bestimmten Summen vollkommen kostenlos Aktienhandel zu betreiben.

Übrigens: Diese hohen Summen kommen schnell zusammen, da einzelne Aktien oftmals recht teuer sein können, insbesondere, wenn Sie sich auf einen Index konzentrieren. Dann kann es sein, dass die teuerste Aktie jene mit der größten relativen Stärke ist und Sie diese erwerben müssten. Ein ausreichendes Grundkapital ist deshalb stets empfehlenswert, wenn Sie diese Strategie befolgen möchten.

Nun zu einer weiteren Strategie, welche jedoch keine Berechnungen und häufige Umschichtungen von den Anlegern verlangt. Ich möchte Ihnen die **Saisonalitäten-Strategie** näherbringen, da Sie Ihnen eine wichtige Aussage über den Kapitalmarkt vermittelt. Und zwar geht es schlicht um die Tatsache, dass Aktienmärkte je nach Jahreszeit unterschiedlich genutzt werden. In den Sommermonaten von April bis August hängt die Wirtschaftsleistung Mitteleuropas traditionell in einem Tief. Das liegt zum einen an teils ungewohnter Hitze, die die Arbeitsleistung hemmt, aber auch an häufigeren Urlauben als im Winter. Deshalb ist es nicht unüblich, dass in diesen Monaten der Aktienmarkt ein wenig durchhängt und nicht die Renditen schafft, die Anleger normalerweise gewohnt sind. Die Schlussfolgerung für viele Aktionäre ist deshalb, sich im Sommer nicht am Aktienmarkt zu beteiligen, sondern das Geld anderweitig anzulegen, beispielsweise in Privatkredite auf P2P-Plattformen. Das sorgt zusätzlich dafür, dass die Kapitalmärkte sich nicht entfalten können.

Was bedeutet das speziell für Sie? Überlegen Sie sich, ob Sie Ihre Strategien ebenfalls im Sommer ausführen oder sich lieber vom Aktienmarkt zurückziehen. Insbesondere beim Handeln mit geringen Summen und vergleichsweise hohen Gebühren wird Ihre Rendite somit zusätzlich geschmälert. Alternativen sind daher klar zu empfehlen, wenn Sie aktiven Handel betreiben, zum Beispiel durch Trading, Aktienstrategien oder anderweitige Umschichtungen des Portfolios. Passiven Anlegern rate ich nicht dazu, in den renditeschwachen Monaten die Anlagen zu verkaufen, da dies unnötige Kosten verursacht. Teilweise sind die Kurse dann sehr niedrig und die Ausführung des Sparplans im Sommer zahlt sich im Winter doppelt aus, weil Sie die geringen Preise ausgenutzt haben.

Zum Abschluss dieses Kapitels möchte ich noch auf eine Strategie eingehen, die bereits in den Tradingbereich hineinragt und eine stetige Pflege des Portfolios voraussetzt. Die **Trendfolger-Strategie** nutzen vor allem Daytrader, welche Aktienanteile am selben Tag wieder abstoßen, an dem sie sie erworben haben. Eine längerfristige Auslegung dieser Strategie möchte ich Ihnen vorstellen, da ich bereits selbst gute Erfahrungen damit gemacht habe.

Erinnern Sie sich an die zentrale Theorie Charles Dows zur Beschreibung der Trends innerhalb eines Aktiencharts? Der primäre Trend wurde dabei in die Akkumulationsphase, die Phase der öffentlichen Beteiligung und in die Distributionsphase unterteilt. Ein Einstieg in einen primären Trend noch während der Akkumulationsphase ist zwar theoretisch möglich, jedoch nur mit vergleichsweise hohem Risiko zu rechtfertigen. Ich empfehle daher, die Phase der öffentlichen Beteiligung zu nutzen, wenn die Aktie etwa ein Drittel des erwarteten Kursgewinnes verzeichnet. Dann ist der primäre aufsteigende Trend sehr wahrscheinlich bestätigt und Sie steigen noch ein, bevor in der Distributionsphase die breite Masse die Aktie erwirbt, fast wie in einem Kaufrausch.

Der Ausstieg erfolgt stets direkt nach diesem Kaufrausch und dem Erreichen der Widerstandslinie, damit kein unnötiges Risiko eingegangen wird. Steigt der Kurs danach weiter an, ist das zwar schade, aber nicht wirklich vorhersehbar – zumindest nicht mit Hilfe der Charttechnik, die der Strategie zugrunde gelegt wird. Die abgestoßene Aktie wird nun erst wieder interessant, wenn Sie einen neuen Tiefststand erreicht hat und sich ein positiver primärer Trend abzeichnet.

Da diese Vorgehensweise sehr viel Zeit in Anspruch nehmen kann, bis neue Kurstiefen erreicht sind, befinden sich stets 30 oder mehr Aktien auf Ihrer Beobachtungsliste. Nach und nach werden die richtigen Einstiegszeitpunkte folgen – verpassen Sie jedoch auch nicht die Möglichkeiten des Ausstiegs. Für diese Strategie ist ein wenig Erfahrung am Aktienmarkt nötig, welche jedoch nur kommen kann, wenn Sie sich ausprobieren. Der Aufwand wird durch erwartungsgemäß hohe Renditen und vergleichsweise schnelle Liquidität entschädigt. Folgen Sie den Trends und seien Sie mittendrin, wenn die Distributionsphase einsetzt!

IHR PERSÖNLICHES START- UND INVESTITIONSKAPITAL BESTIMMEN

Um dauerhaft mit Investitionen in Aktien erfolgreich zu sein, ist eine gezielte Auswahl des Kapitals, welches Sie innerhalb einer gewissen Laufzeit investieren werden, zwingend notwendig. Zum einen hilft Ihnen diese Auswahl dabei, eine gezielte Prognose über die Gewinnmöglichkeiten zu erhalten, andererseits entsteht dadurch der erste Schritt zu einem detaillierten und an Ihr persönliches Risiko angepassten Portfolio. Wichtig ist, dass Sie nicht von dem im Folgenden erstellten Sparplan abweichen und nur in Ausnahmefällen, beispielsweise, wenn sich Ihre finanzielle Situation stark verändert, eine Veränderung an den Sparraten vornehmen.

Zu unterscheiden ist das Startkapital und das monatlich eingesetzte Kapital, welches ich Sparrate nenne. Zusammen ergeben diese beiden Faktoren das gesamte Investitionskapital über einen bestimmten Zeitraum. Das **Startkapital** bezeichnet die Summe, die Sie zum sofortigen Zeitpunkt zur Verfügung haben und womit Sie eine einmalige Investition tätigen können. Es bildet den Grundbaustein des Portfolios und sollte daher nach einem strengen Plan auf die einzelnen Positionen im Portfolio aufgeteilt werden. Doch wie hoch sollte dieser Betrag gewählt werden?

Das hängt ganz davon ab, wie viel Geld Sie im Moment zur Verfügung haben und „entbehren" können. Das Startkapital sollte unabhängig vom monatlichen Einkommen gewählt werden und sich lediglich an den zurzeit verfügbaren liquiden Mitteln orientieren. Experten raten dazu, zwei bis drei Monatsgehälter als stille Reserve auf einem permanent verfügbaren Konto zu besitzen, damit in finanziellen Notfällen nicht das Aktiendepot zu einem potenziell niedrigen Kurswert verkauft werden muss. Dieser Gedankengang ist auch deshalb so logisch, weil der Grund für finanzielle Not neben privaten Aspekten auch eine Wirtschaftskrise und im schlimmsten Fall der Verlust des Arbeitsplatzes sein kann. Liegt der Grund deshalb bei einer Krise für die gesamte Gesellschaft, sind die Aktienkurse oft sehr niedrig, weshalb Sie dann keinesfalls verkaufen sollten. Im Gegenteil: Ein weiterer Erwerb von Aktienpaketen ist dann die richtige Reaktion.

Wie dem auch sei, besitzen Sie Kapital oberhalb der Drei-Monatsgehälter-Marke, welches keine Rendite verspricht und innerhalb kurzer Zeit liquide ist, so empfehle ich Ihnen, dieses vollständig als Startkapital zu nutzen. Selbstverständlich gehören zu Ihrem Portfolio auch solche Investitionen, welche in Zeiten von Wirtschaftskrisen nicht zu stark an Wert verlieren, dafür aber auch weniger Rendite versprechen, sodass Sie im Notfall über einen Teil dieses Kapitals mit abgesichertem Wert verfügen können. Ausgewogenheit ist das A und O eines guten Portfolios.

Nun soll es um die jeweiligen **Sparraten** gehen, welche das Startkapital ergänzen. Während bei ersterem ein günstiger Zeitpunkt für den Erwerb der Aktie gesucht wird, um niedrige Kurse auszunutzen, bietet die Ratenzahlung den Vorteil, dass über einen längeren Zeitraum die Aktienanteile zu verschiedenen Kurswerten erworben werden, sodass ein Mittelwert entsteht. Des Weiteren sorgen Sparraten für kontinuierlichen Depotzuwachs, welcher zur Folge hat, dass der Wert nahezu unbemerkt über Jahre hinweg ansteigt. Ich persönlich empfehle eine monatliche Sparrate, welche direkt mit Ihren monatlichen Einkünften verrechnet werden kann. Der Nachteil an Quartalsraten, also vier Aktienkäufen jährlich, liegt auf der Hand: Ihr Durchschnittspreis könnte deutlich höher sein als bei monatlichen Einkäufen. Außerdem wird dann eine vergleichsweise hohe Summe von Ihrem Konto abgebucht, welche stärker ins Gewicht fällt, als dieselbe Summe auf drei Monate verteilt.

Und wie hoch sollte nun dieser Betrag sein, nachdem das Startkapital möglicherweise bereits eine beachtliche Summe darstellt? Ich rate stets dazu, eine so hohe Sparrate wie möglich zu wählen, sodass sich über den Zeitraum von einem Jahr kein großer Betrag ansammelt, welcher nicht investiert wurde. Beispielhaft könnte angenommen werden, dass einer Person monatlich 2.200 Euro netto zur Verfügung stehen und sie davon fixe Ausgaben für Miete, Auto, Strom und Lebensmittel in Höhe von 1.400 Euro hat. Dazu kommt, dass sich die Person monatlich 300

Euro für Urlaube und das Hobby zur Seite legt, sodass noch 500 Euro übrigbleiben.

Damit die Rechnung nicht zu sehr auf Kante genäht ist und der Einkauf im Supermarkt auch einmal etwas mehr kosten darf, empfehle ich eine Sparrate von 300 Euro. Mir ist bewusst, dass eine solch strikte Einteilung des Geldes nicht jedem liegt, jedoch wird sie langfristig dabei helfen, ein eigenes kleines Vermögen aufzubauen. Und sollten Sie sich fragen, mit welchem Geld kurzfristige Reparaturen am Auto oder der Waschmaschine durchgeführt werden sollen, denken Sie an Zuschüsse, beispielsweise durch ein dreizehntes Gehalt. Dieses habe ich nicht in die Kalkulation aufgenommen, da es als Zusatzeinnahme gilt und bei Auszahlung ebenfalls auf die einzelnen Kostenpositionen – je nach Bedarf – aufgeteilt werden kann.

Sie sehen, dass bereits bei einem Einkommen von in etwa 2.000 Euro eine Menge Geld für Investitionen und Ersparnisse übrigbleiben kann, wenn eine vereinfachte Kostenanalyse durchgeführt wird. Ich bitte Sie deshalb eindringlich darum, zur Auswahl Ihrer Sparrate eine solche Analyse für Sie persönlich durchzuführen und das vorhandene Geld nahezu vollständig zu verplanen, auch wenn es sich um Hobbys oder den Urlaub handelt. Es ist stets wichtig, zu wissen, wie viel Geld für die einzelnen Positionen zur Verfügung steht.

SO KÖNNTE IHR ERSTES PORTFOLIO AUSSEHEN

Die Gestaltung Ihres ersten Portfolios ist eine der Hauptaufgaben, wenn es um den Einstieg am Kapitalmarkt geht, und schließt die Einführung in die Welt der Aktien ab. Wenn Sie nachvollziehen können, weshalb die einzelnen Entscheidungen bzw. Aufteilungen innerhalb dieses Beispiel-Portfolios von mir so ausgewählt worden sind, haben Sie bereits eine

Menge im Umgang mit Aktien und anderen Finanzprodukten gelernt. In gewisser Weise können Sie hier also Ihr Wissen testen.

Zunächst möchte ich anmerken, dass der Kapitalmarkt, wie Sie bereits sehr häufig gehört haben, neben Aktien auch noch aus sehr vielen anderen Finanzprodukten besteht. Ziel Ihres Portfolios soll es jedoch nicht sein, den Kapitalmarkt mit all seinen Besonderheiten und Ausprägungen in Ihrem Portfolio widerzuspiegeln. Damit meine ich, dass es nicht sinnvoll sein wird, einen Anteil von beispielsweise 30 Prozent Aktien in Ihr Portfolio aufzunehmen, weil der gesamte Kapitalmarkt auch nur aus 30 Prozent Aktien besteht. Aufgrund der Tatsache, dass Sie sich nun mit dem Produkt Aktien deutlich besser auskennen als mit den einzelnen Nischen des Marktes, beispielsweise Derivate oder Optionen, übernimmt der Anteil an Aktien einen überdimensional großen Posten Ihres Portfolios, der so nicht der Realität am Kapitalmarkt entspricht. Zielführend ist es daher nicht, diesen abzubilden und so eine breite Diversifikation zu erzeugen, sondern insbesondere mit Hilfe von Aktien und ähnlichen Produkten zu diversifizieren. Und das geht mindestens genauso gut.

Weil die Zusammensetzung des Portfolios maßgeblich von der Höhe des verfügbaren Kapitals abhängt und es sowieso keine allgemeingültige „richtige" Zusammensetzung der Anteile gibt, habe ich für diesen Abschnitt zwei fiktive Größen für das verfügbare Kapital herausgesucht. Zum einen erkläre ich, wie ich empfehlen würde, Startkapital in Höhe von 2.000 Euro sowie eine monatliche Sparrate von 300 Euro zu investieren. Diese Daten orientieren sich am Beispiel aus dem Abschnitt zuvor, als es um die Festlegung des persönlichen Start- und Investitionskapitals ging. Das zweite Beispielportfolio baut auf einem Startkapital von 10.000 Euro und einer monatlichen Sparrate von 800 Euro auf. Damit möchte ich erreichen, dass Sie sich mit Ihrem eigenen Budget möglichst gut zuordnen können und aufgrund der Unterschiede legitimierte

Entscheidungen treffen werden, wie mit den jeweiligen Summen umgegangen wird.

Das erste Beispielportfolio bedient sich also einem verfügbaren **Startkapital von 2.000 Euro** und einer **monatlichen Sparrate von 300 Euro**. Wie bereits eingangs erläutert, setzen beide Portfolios den Kern auf Investitionen in Aktien, da dies auch der Hauptbestandteil dieses Buches ist und sich somit ein meiner Meinung nach sehr vielversprechendes Portfolio aufbauen lässt.

Wie gehe ich nun vor? Zunächst werden die einzelnen Anteile an Produkten festgelegt, auf welche dann das Startkapital nach Prozenten verteilt wird. In die Produkte, auf denen der Fokus liegt, wird auch prozentual mehr investiert. Im Anschluss wird die Sparrate verteilt und es werden Fristen festgelegt, wann das Portfolio zum ersten Mal und in welchen Bereichen überprüft werden sollte.

Zunächst einmal habe ich bereits unter dem Kapitel „ETFs: Die modernen Renditebringer" erläutert, welche Vorteile diese mit sich bringen. Meiner Meinung nach gehört ein weltweiter ETF-Sparplan in jedes Portfolio dieser Größenklasse, da er zum einen kostenfrei besparbar ist und zum anderen eine optimale Basis darstellt. Aufgrund der vergleichsweise geringen Summe von 2.000 Euro Startkapital ist es nicht notwendig, noch weniger Risiko in Kauf zu nehmen und somit auch geringere Renditen als die Marktrendite mit Hilfe des weltweiten ETFs zu erreichen. 30 Prozent an ETFs gehören bei dieser Höhe an Investitionskapital deshalb fest zum Portfolio. Speziell ist der MSCI World oder der MSCI Emerging Markets zu empfehlen, eine Splittung von 20/10 lässt sich gut vereinbaren, da der MSCI Emerging Markets mit deutlich mehr Schwankungen agiert als der MSCI World.

So werden demnach bereits ETF-Anteile im Wert von 600 Euro sofort geordert, monatlich kommen insgesamt 90 Euro dazu, wovon 60

Euro auf den MSCI World fallen und 30 Euro auf den MSCI Emerging Markets. Sollten Sie einen Broker nutzen, der Sparraten erst ab 50 Euro erlaubt, ist entweder eine Rate alle zwei Monate oder sogar quartalsweise für den MSCI Emerging Markets nutzbar, die monatliche Summe jedoch auch leicht änderbar, indem die Summe für die Sparrate auf den MSCI Emerging Markets um 20 Euro auf 50 Euro erhöht wird.

Das Renditerisiko steigt somit und der Analgenhorizont sollte etwas langfristiger gewählt werden, damit sich das Potenzial des „kleinen" MSCI-Index wirklich entfalten kann. Ich empfehle eine Laufzeit von fünf Jahren – Schließlich bildet dies die Basis Ihres Portfolios. Danach können Sie sich selbstverständlich wieder dafür entscheiden oder eine andere Zusammensetzung wählen. Der Großteil dieses Portfolios wird durch eine Aktienstrategie vertreten. Ich empfehle dafür die Aufbringung von in etwa der Hälfte des verfügbaren Kapitals, also 1.000 Euro als einmalige Zahlung sowie weitere 150 Euro monatlich. Ungeeignet sind aufgrund des geringen Investitionskapitals meiner Meinung nach die Dividenden-Strategien sowie die Strategie der relativen Stärke. Umsetzbar wären diese nur dann, wenn quartalsweise gekauft wird, dann wird jedoch der Kern der Theorie der relativen Stärke missachtet, und zwar der, dass monatlich neu bewertet und gekauft werden soll.

Die Dividendenstrategie lohnt sich erst ab einem höheren Investitionskapital, damit das entstehende passive Einkommen überhaupt spürbar ist. Eher zu empfehlen ist beispielsweise die Trendfolger-Strategie, welche bereits mit dem vorhandenen Kapital sehr gut durchführbar ist. Generell lässt sich diese Strategie auch mit deutlich höheren Summen durchführen, wobei der Zeitaufwand dann auch entsprechend angepasst werden sollte, da viel Geldeinsatz eine hohe Überwachung bedeutet. Weiterhin empfehlen möchte ich die Value-Strategie, in welcher die Summe durch monatliche Einzahlungen langsam wachsen kann.

Insbesondere geeignet ist diese für junge Anleger, die langfristig anlegen wollen und nicht sofort auf die Renditen angewiesen sind. Wie bereits im Abschnitt über die einzelnen Aktienstrategien erwähnt, ist diese Strategie bezüglich der Liquidität im Nachteil, welche in jungen Jahren jedoch noch nicht sehr wichtig ist. Entscheiden Sie sich für eine Strategie, bei der Sie sich sicher fühlen und Potenzial sehen. Es bringt nichts, wenn Sie der Strategie nicht vertrauen, sie aber dennoch nutzen. Schließlich sollen Sie weiterhin ruhig schlafen können.

Zu guter Letzt folgt noch die risikoreichste Anlage des Portfolios, die Mitte wurde durch die Aktienstrategie abgedeckt. Speziell bei der Verwendung der Value-Strategie empfiehlt sich nun zum Ausgleich ein Investment, welches mit hoher Liquidität glänzt, um stets Ergebnisse zu sehen. Vorreiter im Bereich hoher Liquidität ist zweifelsohne das Trading bzw. das Daytrading, welches ich Ihnen am Ende dieses Buches kurz und prägnant vorstellen möchte, damit Sie sich entscheiden können, ob Sie Teil dieses Geschäftsmodells werden möchten oder lieber die Finger davon lassen. Andererseits geben auch P2P-Kredite die Möglichkeit, Kapital innerhalb von einigen Monaten bereits zu verzinsen. Diese Risikoanlage sollte jedoch keinesfalls mehr als die noch verbleidenden 20 Prozent des Portfolios ausmachen. Eine weitere Möglichkeit sind auch Derivate, Zertifikate oder Optionsscheine, welche allesamt mit der von mir als Schuldenfalle bezeichneten Hebelwirkung arbeiten. Insbesondere in den Anfängen am Kapitalmarkt rate ich hiervon eindeutig ab. Um Ihnen auch diese Möglichkeit nicht vorzuenthalten, möchte ich nicht unerwähnt lassen, dass Sie auch in Kryptowährungen wie dem Bitcoin investieren können, dies aber meist ähnlich zum Trading funktioniert, da eine genaue Überwachung stets notwendig ist. Jedoch wird hierfür meist ein höheres Investitionskapital vorausgesetzt, nicht selten in Bereichen von mehreren Tausend Euro.

Ich füge diesem Beispielportfolio einen 20-prozentigen Kapitaleinsatz mit P2P-Krediten hinzu, auch deshalb, weil die Renditen auf die Laufzeit gesehen gut vorhersagbar sind und ein Kapitalverlust dennoch unwahrscheinlich bleibt, auch wenn er theoretisch möglich ist.

Im Folgenden gebe ich Ihnen noch eine Übersicht über dieses erste erarbeitete Beispielportfolio, in der ich neben der Laufzeit auch die erwartbaren Renditen ergänzt habe. Die Laufzeit stellt hier lediglich dar, nach wie viel Zeit die Anlage erstmals verwaltet und womöglich in der Höhe des eingesetzten Kapitals oder der Zusammensetzung der einzelnen Investitionen geändert und überprüft werden sollte. In vielen Fällen entsteht allerdings auch dann noch kein Bedarf zur Änderung, vor allem, wenn die erwarteten Renditen erfüllt worden sind. Insbesondere bei starken Abweichungen nach oben sollten Sie vorsichtig sein, da sich das Risikoprofil der Anlage möglicherweise verändert hat und es nicht mehr Ihren Wünschen entspricht.

Beispielportfolio 1

ANTEIL	PRODUKTNAME	LAUFZEIT	RENDITE
20 %	MSCI-World-Index-ETF	5 J.	4 - 6 % p.a.
10 %	MSCI-Emerging-Markets-ETF	5 J.	5 - 7 % p.a.
50 %	Value-Strategie mit Aktien	3 J.	5 - 15 % p.a.
20 %	P2P-Kredite	6 Mon.	9 – 12 % p.a.

Nun möchte ich mich dem zweiten Beispielportfolio dieses Buches widmen, welches sich insbesondere durch deutlich mehr verfügbares Investitionskapital auszeichnet als das erste Portfolio. Was ist grundsätzlich aufgrund des höheren Kapitaleinsatzes zu beachten? Das Startkapital in Höhe von 10.000 Euro stellt in diesem Fall nicht die enorm hohe Summe dar, sondern vielmehr die Sparrate in Höhe von 800 Euro. Diese wirkt auf den ersten Blick kleiner als sie ist, denn innerhalb eines Jahres werden so ganze 9.600 Euro gespart.

Eine meiner Meinung nach sehr hohe Summe, bei der sich jeder Anleger glücklich schätzen kann, wenn er diese zur Verfügung hat. Wichtig bei diesen Summen ist es, dass das Portfolio im Risikocharakter gegenüber dem ersten Portfolio eine Stufe zurückgestellt wird. Das bedeutet konkret, dass die unterste Risikostufe nun nicht mehr die weltweiten ETFs sind, sondern zusätzlich noch andere Produkte genutzt werden, die den Wert des gesparten Geldes sichern. Denkbar sind dafür beispielsweise Edelmetalle wie Gold oder Silber, aber auch Unternehmens- oder Staatsanleihen sind eine gute Alternative. Weiterhin existieren ebenso spezielle Fonds, welche Aktien von Unternehmen beinhalten, die sich auf Güter des täglichen Gebrauchs konzentrieren. Durch den Vertrieb von beispielsweise herkömmlichen Drogerieartikeln, wie Toilettenpapier oder Seife, aber auch Lebensmitteln, wie Reis oder Kartoffeln, wird sichergestellt, dass der Kurswert so gut wie nie stark absinkt.

Insbesondere während Finanzkrisen beweisen diese Fonds ihre Stärke und können das ursprüngliche Niveau aufrechterhalten.

Von Anleihen rate ich bei dem vorgegebenen Budget ab, da das Startkapital im Verhältnis zur Sparrate nicht hoch genug ist. Ab einer Summe von 20.000 Euro würde ich persönlich darüber nachdenken, einen Teil davon in festverzinsliche Unternehmens- oder Staatsanleihen zu investieren, sodass innerhalb von etwa zehn Jahren zumindest die schleichende Inflation ausgeglichen wurde.

Aus diesem Grund rate ich innerhalb dieses Beispiels zum Erwerb von Immobilien mittels Crowdinvesting. Dabei werden Immobilien mit Hilfe der Finanzstärke vieler kleiner Anleger erworben, die zusammen eine große Einheit bilden. Im Allgemeinen gelten diese Investitionen als sehr krisen- und renditesicher und erreichen Renditen in Höhe von zwei bis vier Prozent jährlich. Alternativ wäre auch einer der angesprochenen Fonds wählbar, die Konditionen sind in etwa gleich. Je nachdem, ob Sie dem Immobilienmarkt oder Waren des täglichen Gebrauchs mehr vertrauen. Eine Mischung dieser beiden empfehle ich deshalb nicht, weil für beide Varianten jeweils Gebühren anfallen. Aktienfonds gebührenfrei zu besparen ist nur selten möglich und auch die Gesellschaft, welche das Crowdinvesting betreibt, generiert vor allem durch Gebühren Gewinne.

Insgesamt sollten für diesen Sicherheitsfaktor in etwa 20 Prozent des Gesamtkapitals aufgewendet werden. Das ist ein geringerer Anteil der risikoärmsten Stufe als im ersten Portfolio, wo 30 Prozent in weltweite ETFs investiert wurden. Der Grund lässt sich anhand der zweiten Investition finden, welche gleichzeitig auch den mit Abstand größten Anteil am Portfolio ausmacht. Mit Hilfe des vorhandenen Kapitals lässt sich die im Abschnitt über Aktienstrategien vorgestellte Dividendenstrategie ideal umsetzen. Neben Kurssteigerungen erwarten Sie ebenso Dividenden, welche aufgrund der Höhe des eingesetzten Kapitals als passives Einkommen gelten. Wichtig ist, dass Sie sich bei der Ausführung dieser Strategie auf Blue-Chip-Aktien konzentrieren. Damit sind Marktführer oder Monopole gemeint, die in absehbarer Zeit keine wirkliche Konkurrenz am Markt erwartet. Ausschlaggebend dafür ist beispielsweise eine marktbeherrschende Stellung, der alleinige Zugriff auf eine Technologie oder ein generell nur unter hohem Kostenaufwand möglicher Eintritt in den Markt durch andere Unternehmen. Diese Aktien gelten als besonders krisensicher und sorgen traditionell für konstante Renditen. Bis zu 50 Prozent des vorhandenen Kapitals können in diese Aktien investiert werden, dabei sollten jedoch mindestens fünf, maximal fünfzehn Unternehmen bedient werden, damit eine gute Diversifizierung erfolgt. Das Risiko eines Komplettverlustes des Investitionskapitals ist hier so gut wie nicht gegeben.

Nun bleiben noch 30 Prozent des Kapitals übrig, welche risikoreicher angelegt werden können. Welche Möglichkeiten es dafür gibt, habe ich bereits im ersten Beispielportfolio erläutert. Je nachdem, wie risikovoll Sie agieren möchten, eignen sich unter anderem auch Investitionen in Start-Ups, vorwiegend aus der Technologiebranche. Möchten Sie dies mit Hilfe eines Indizes machen, kommen Sie vermutlich nicht am NASDAQ 100 vorbei.

Denkbar ist jedoch auch, dass 20 Prozent des Kapitals für die Trendfolger-Strategie mit Aktien genutzt werden und dann, je nach Situation, kurzfristig oder längerfristig gehandelt wird. Hierbei wird jedoch viel Aufwand und Engagement vorausgesetzt. Die restlichen 10 Prozent lassen sich schlussendlich noch in P2P-Kredite oder Derivate investieren, wobei zweiteres für Börsenanfänger nicht zu empfehlen ist. Ich empfehle jedoch stark, sich auf die Technologiebranche zu konzentrieren und dafür entweder einen Index oder einen vergleichsweise risikoreichen Aktienfonds zu nutzen, oftmals werden diese mit den Risikostufen eins bis sieben bewertet. Die Auswahl einer fünf oder sechs ist hierfür durchaus denkbar.

ANTEIL	**PRODUKTNAME**	**LAUFZEIT**	**RENDITE**
20 %	Crowdinvesting Immobilien / Aktienfonds Risikostufe 2	5 - 8 J. 5 – 10 J.	3 – 4 % p.a. 2 – 3 % p.a.
50 %	Dividenden-Strategie mit Blue-Chip-Aktien	5 - 8 J.	4 – 5 % p.a.
20 %	Trendfolger-Strategie langfristiges Trading	1 Mon.	8 - 12 % p.a.
10 %	Start-Up-Aktien Technologiebranche	1 J.	5 - 25 % p.a.

DIESE FEHLER SOLLTEN SIE UNBEDINGT VERMEIDEN

Generell werden am Kapitalmarkt alle möglichen Fehler gemacht, bei denen man sich teilweise gar nicht vorstellen kann, dass Aktionäre so agieren. Aufgrund dessen existiert insbesondere im Internet eine Flut an möglichen Fehlern, Hinweisen und Warnungen, dies und jenes nicht zu tun oder davon die Finger zu lassen. Ich bleibe bei der Meinung, dass Sie als Anleger die Erfahrungen sammeln müssen, die nötig sind, um verschiedene Märkte zu verstehen. Deshalb habe ich diesen Abschnitt bewusst verkürzt und prägnant zusammengefasst, damit Sie nicht von möglichen Fehlern überladen werden und sich nur dic allerwichtigsten Regeln merken, denn ohne diese können Investitionen am Kapitalmarkt schwerwiegende Folgen haben. Prägen Sie sich die nun aufgezählten fünf häufigsten Fehler daher sehr gut ein.

Man hört immer wieder von diesem Fehler und nicht selten verlieren Anleger deshalb den Großteil Ihres Kapitals: **Das Risiko wurde nicht gestreut**. Diversifikation stellt einen Grundsatz erfolgreichen Aktienhandels dar und wurde deshalb auch in den zuvor aufgeführten Beispielportfolios ausführlich betrachtet. Setzen Sie niemals Ihr gesamtes Kapital auf eine Aktie, einen Trade und auch nicht in einen Fonds oder einen einzigen ETF, obwohl diese mehrere Aktien abbilden. Das liegt daran, dass immer nur ein Markt betrachtet wird: Regional oder branchenspezifisch. Diese können schnell in einer Krise stecken und es dauert sehr lang, bis sich der Kurs wieder erholt – wenn er es überhaupt tut. Bei einzelnen Aktien ist dies nämlich nicht gesichert, prominentestes Beispiel ist der Fall Wirecard, welcher insbesondere deutsche Aktionäre hart getroffen hat.

Fehler Nummer zwei: **Sie nehmen einen Kredit auf, um in Aktien zu investieren**. Es klingt verlockend, denn die erwartete Rendite übersteigt oftmals die festgelegten Zinsen, welche durch Investitionen am Kapitalmarkt entstehen. Was bei einem großen Kursverlust folgt, wird hierbei jedoch nicht bedacht. Dann ist nicht nur das gesetzte Geld weg, sondern gleichzeitig auch der Anleger unfähig zur Zahlung der Zinsen, welche zu einem exakt festgelegten Datum fällig werden. Des Weiteren ist das Eintreten der Renditen niemals sicher, zumindest nicht über einen bestimmten Zeitraum. Keiner wird Ihnen sagen können, ob Sie innerhalb eines bestimmten Zeitraums eine bestimmte Zinsvorgabe erwirtschaften werden. Aktien sind generell als langfristige Wertanlagen konzipiert worden, die nicht auf Knopfdruck Renditen generieren.

Sie verfolgen keine Strategie oder weichen von ihr ab. Oft höre ich von diesem Phänomen beim Umsetzen der Theorie der relativen Stärke, indem Anleger der Performance einiger Anlagen nicht mehr vertrauen, da Sie in den vergangenen Wochen bereits stark gestiegen war. Wer sich auf diese Strategie einlässt, weiß genau, worum es sich handelt: Man setzt auf das weitere Gewinnen des Gewinners, weshalb eine Abweichung von der Strategie niemals zielführend sein kann, und wenn, handelt es sich um glückliche Ausnahmefälle. Noch fataler ist es hingegen, wild drauf los verschiedene Aktien zu erwerben, bei denen Sie ein gutes Gefühl haben. Dies sollten Sie am besten niemals ausprobieren – wenn doch, werden Sie auch merken, weshalb es nicht zu empfehlen ist. Wo ich schon bei Fehler Nummer vier angekommen bin:

Sie lassen sich von Gefühlen leiten. Jeglicher Aktienkauf muss stets sachlich begründbar sein und darf nicht aufgrund eines Bauchgefühls erfolgen. Lassen Sie sich zu sehr von Emotionen leiten, weil Sie beispielsweise eine gute Erfahrung mit einem Lieferdienst gemacht haben und deshalb investieren, ohne zu wissen, wie momentan die Kennzahlen aussehen oder das Geschäftssystem des Unternehmens überhaupt funktioniert, wird das auf kurz oder lang nicht funktionieren. Agieren Sie stets ohne persönliche Meinungen oder Gefühle am Kapitalmarkt, es handelt sich hierbei nicht um Glücksspiel oder Sportwetten.

Der letzte elementare Fehler dieser Übersicht ist, dass Sie **das erwirtschaftete Geld nicht reinvestieren**. Möglicherweise erinnern Sie sich an den Anfang dieses Buches, wo ich erklärt habe, wie die Magie des Zinseszinseffektes funktioniert. Speziell bei Aktien kommt diese zum Tragen, aber eben nur bei langen Laufzeiten und insbesondere, wenn das Kapital reinvestiert wird. Ein kleines Vermögen lässt sich nicht aufbauen, wenn die Rendite jährlich oder alle fünf Jahre abgeschöpft wird, um sich etwas zu leisten. Eine langfristige Anlage wie Aktien sollte auch so behandelt werden, weshalb der gesamte Zeithorizont stets viele Jahre umfassen sollte, auch wenn im Beispielsportfolio eine Investition über maximal fünf Jahre empfohlen wird. Diese Laufzeit gibt lediglich an, ab wann die Investition auf ihre Rendite und das Risiko hin überprüft werden sollte, sodass eine begründete Entscheidung getroffen werden kann, ob beispielsweise die Sparrate verändert werden muss oder die Investition gänzlich ersetzt wird. Das weitere Verfolgen der Investitionsziele steht jedoch außer Frage.

DER AKTIENKAUF IN DER PRAXIS: WIE SIE AKTIEN ÜBER IHREN BROKER ERWERBEN

Mittlerweile verfügen Sie neben dem Grundwissen über Aktien auch über praktisches Wissen, welches Ihnen im Alltag am Kapitalmarkt maßgeblich weiterhilft. Somit ist es auch notwendig, dass Sie erfahren, wie ein Aktienkauf in der Realität stattfinden wird, sodass Sie sich nicht unsicher fühlen, wenn Sie diesen im Anschluss selbst durchführen. Eines kann ich Ihnen bereits verraten: Es wird nicht so spektakulär, wie Sie sich das möglicherweise vorgestellt haben.

Für dieses Beispiel möchte ich den Marktführer in Deutschland nutzen, welcher ebenso als Sieger aus dem Aktiendepotvergleich dieses Buches hervorging: TradeRepublic. Auf dieser Plattform ist es üblich, dass jede Order einen Euro kostet, sowohl beim Kauf als auch beim Verkauf. Sparpläne hingegen werden überwiegend kostenlos ausgeführt, weshalb viele Anleger direkt auf TradeRepublic nicht nur Trading betrieben, sondern gleichzeitig auch die eigenen Sparpläne verwalten. Aus diesem Grund finde ich es wichtig, dass ich Ihnen innerhalb dieses Abschnittes ebenfalls erkläre, wie Sie einen Sparplan ausführen können.

Zunächst müssen Sie sich per Videoidentifikation auf der Plattform anmelden, was innerhalb von nicht einmal einer halben Stunde erledigt ist. Theoretisch können Sie nun direkt anfangen, zu investieren, es fehlt jedoch noch an verfügbarem Geld. Dieses muss manuell von Ihnen überwiesen werden. Dafür senden Sie es von Ihrem Girokonto an das Verrechnungskonto, welches Sie in den Einstellungen finden. Der Eintrag bei Verwendungszweck und Empfänger ist nicht wichtig, ich benutze immer meinen eigenen Namen. Ihr Verrechnungskonto bei TradeRepublic nimmt nur Zahlungen entgegen, die von diesem Konto aus erfolgt sind, es sei denn, Sie registrieren ein weiteres Girokonto. Ist das gesendete Geld nach spätestens zwei Werktagen angekommen, können Sie so richtig anfangen, Aktien zu kaufen. Ich nehme nun beispielhaft an, Sie haben sich für eine Aktienstrategie entschieden und befolgen diese, weshalb Sie genau wissen, welche Aktie nun gekauft werden muss. Beispielhaft nutze ich nun die Aktie Lufthansa, welche im Folgenden erworben wird. Auf die gleiche Weise lässt sich diese Anleitung jedoch auch auf alle anderen Aktien übertragen. Zunächst geben Sie in der Suchleiste am oberen Bildschirmrand „Lufthansa“ ein, sodass Ihnen sofort unter der Überschrift „Aktien“ die Lufthansa-Aktie vorgeschlagen wird. Bei den weiteren Suchergebnissen handelt es sich um andere Finanzprodukte, die jeweils in der Überschrift stehen, beispielsweise Derivate oder ETFs, falls Sie nach Indizes suchen.

Klicken Sie auf die Aktie, erhalten Sie eine Übersicht des Aktiencharts, den Sie sich bezüglich des Zeitraums so einstellen und analysieren können, wie Sie möchten. Zusätzlich empfehle ich noch, in der oberen rechten Ecke auf „Watchlist" zu klicken, damit die Aktie direkt auf dem Startbildschirm der App angezeigt wird. Nun klicken Sie auf das grüne Feld „Kaufen" in der unteren Mitte der App, woraufhin Ihnen meist drei Möglichkeiten angeboten werden. Sie möchten die Aktie sofort kaufen, weshalb Sie sich für „Marktpreis" entscheiden.

Der „Limit-Preis" legt einen Maximalpreis fest, bis zu dem der Kauf ausgeführt wird, und der „Stopp-Preis" sorgt dafür, dass die Order bei einem bestimmten Preis automatisch verfällt. Nach einem Klick auf „Marktpreis" werden Sie zu einem Bildschirm weitergeleitet, bei dem die Anzahl der Aktien angegeben werden soll, die Sie kaufen möchten. Je nach Budget und Aktienstrategie ist das natürlich individuell. Außerdem wird für Sie die Kaufsumme anhand des aktuellen Marktpreises errechnet. Bestätigen Sie mit Hilfe der Taste „Kaufen", müssen Sie noch Ihre persönliche Pin eingeben, die Sie zum Start der App benötigen und welche Sie in diesem Zuge festgelegt haben, oder Sie bestätigen den Kauf durch Ihren Fingerabdruck. Der Verkauf funktioniert übrigens auf die gleiche Weise, nur dass Sie dann nicht die Aktie über die Suchleiste finden, sondern Sie direkt auf dem Startbildschirm unter „Ihre Investments" vermerkt ist. Sie merken, der Kauf einer Aktie über TradeRepublic ist alles andere als kompliziert.

Weiterhin möchte ich Ihnen noch erklären, wie Sie einen ETF-Sparplan erstellen. Dazu suchen Sie ebenfalls über die Suchleiste nach dem gewünschten ETF, beispielsweise dem MSCI-World-ETF. Wichtig ist nun, dass Sie für einen kostenlosen Sparplan den „Core MSCI World" nutzen und nicht den normalen „MSCI World". Dieser verlangt als Sparplan nämlich deutlich höhere Gebühren, da er nicht vom Anbieter Core herausgegeben wurde. Nachteile dieses Produktes gegenüber dem anderen gibt es keine. Nun wählen Sie erneut die Schaltfläche „Kaufen", dann „Marktpreis" und stoßen nun auf die Möglichkeit des Sparplans an vierter Stelle.

Diesen möchten Sie nutzen, wählen Ihn also aus und entscheiden sich auf der nächsten Seite, wie oft Sie den Sparplan ausführen möchten. Ich empfehle monatlich, zur Auswahl stehen jedoch noch zwei Mal im Monat oder quartalsweise. Die nächste Unterscheidung erfolgt zwischen Anfang des Monats und Mitte des Monats. Dieses Detail macht bei einem langfristigen Investment keinen Unterschied, weshalb Sie frei wählen können, welche Variante Ihnen besser gefällt. Bedenken Sie, dass zu dieser Zeit auch immer der Betrag von Ihrem Girokonto abgebucht wird und es sichergestellt sein sollte, dass sich ausreichend Geld darauf befindet. Ist dies nicht der Fall, kann der Auftrag nicht ausgeführt werden und wird um einen Monat verschoben.

Manuell können Sie danach natürlich dennoch das Produkt einmalig erwerben, um den Monat auszugleichen. Schlussendlich geben Sie nun den monatlich investierten Betrag ein und bestätigen die Eingaben mit der Pin oder mit Hilfe Ihres Fingerabdruckes.

Übrigens: Eine exakte Kosteninformation finden Sie in der abschließenden Übersicht vor dem Bestätigen, aber auch danach auf der Übersichtsseite des Sparplans unter „Ihre Investments".

Extra: Einführung in das Trading

Was ist Trading? Als Trading bezeichnen Aktionäre die schnelle Form des Aktienhandels, sodass innerhalb kurzer Zeit Aktien gekauft und wieder verkauft werden. Dabei entstehen idealerweise kleine Gewinne mit hoher Liquidität, da das erwirtschaftete Kapital sofort wieder eingesetzt werden kann. Nicht selten ist es so, dass beim Trading sehr hohe Summen gesetzt werden und mit einer sogenannten Stop-Loss-Order gearbeitet wird. Diese legt fest, zu welchem Kurs die Aktie spätestens automatisch verkauft wird, damit kein großer Verlust entsteht. Als Pendant existieren auch bestimmte Orders, die den Gewinn begrenzen, wenn ein bestimmter Preis erreicht ist. Diese Grenzen legen Trader oftmals auf Höhe oder etwas unterhalb der Widerstandslinie fest, damit die Gefahr des Kursverfalls nicht zu hoch wird.

Was ist der Unterschied zum Daytrading? Daytrading lässt sich als eine Spezialform des Tradings bezeichnen, bei der jegliche Geschäfte innerhalb eines Tages abgeschlossen werden und Aktien somit niemals über Nacht gehalten werden, da das bei vielen Daytrading-Plattformen Extrakosten verursacht. Diese Plattformen zeichnen sich unter anderem auch dadurch aus, dass jegliche Order einen sehr geringen Mindesteinsatz von teilweise einem bis zehn Euro verlangen und ebenso keine Gebühren entstehen. So wird eine zweistellige Anzahl an Trades pro Tag ermöglicht.

Welche Strategie verfolgen Trader? Grundsätzlich sind Trader Trendfolger. Das bedeutet, dass Sie sich stark anhand der Trendlinientheorie von Charles Dow orientieren, nur dass Sie diese anders für sich nutzen. Im Gegensatz zu passiven Anlegern sind Trader nicht am primären Trend interessiert, sondern nutzen insbesondere die kleineren Trends, wobei sich sagen lässt, dass sich Daytrader auf die Tertiärtrends spezialisiert haben. Mit Hilfe der technischen Chartanalyse wird nun versucht, vorherzusagen, wie sich die Aktie in den kommenden Minuten, Stunden, Tagen oder in seltenen Fällen auch Wochen entwickeln wird. Trader steigen zu Konsolidierungsphasen in Aktien ein, also dann, wenn der primäre aufsteigende Trend eine Pause macht und neuen Schwung holt. Anhand von genauen Kennzeichen wird erkannt, dass der Aktienkurs im Folgenden steigt und so Gewinne generiert werden.

Auf welchen Märkten lässt sich Trading anwenden? Neben dem Aktienmarkt sind Trader auch stark am Devisenmarkt interessiert. So nennt sich der Markt, an dem Währungspaare gehandelt werden. Aufgrund von deutlich erhöhtem Kapitalumlauf und der Anzahl an teilnehmenden Tradern gegenüber dem Aktienmarkt gewinnt der Währungsmarkt immer mehr an Bedeutung, weil die Orders so schneller und exakter ausgeführt werden können.

Was sind die Chancen und Risiken des Tradings? Ein gutes Investment zeichnet sich auch im Tradingbereich durch Liquidität, Risiko und Rendite aus. Die Rendite ist in dieser Form der Kapitalanlage auch deshalb so hoch, weil die Liquidität insbesondere bei Daytradern kürzer als einen Tag ist. Diese Eigenschaft ermöglicht es, dass erwirtschaftetes Kapital direkt reinvestiert wird und der Zinseszinseffekt bei kontinuierlichen Erfolgen bereits innerhalb von wenigen Wochen von aktivem Trading höher ist, als er es nach zwei Jahren mit Hilfe herkömmlicher Aktienstrategien wäre.

Die Risiken sind dafür jedoch enorm hoch. Ohne Erfahrung und ausreichende Kenntnis über den Kapitalmarkt besteht die Chance, auf Dauer Geld zu verlieren. Das Problem sehe ich vor allem darin, dass hierbei, ähnlich wie beim Handel mit CFDs, die Grundsätze einer Investition übergangen werden, indem das Geschäftsmodell einem Zocken im Casino ähnelt. Insbesondere Daytrader berichten nicht selten über Suchtgefühle bezüglich dieses Onlinehandels, auch wenn stetig Verluste generiert werden. Die Glücksgefühle nach einem erfolgreichen Trade, bei Anfängern nicht selten durch Glück zustande gekommen, ähneln denen eines guten Bildes am Glücksspielautomaten.

Ich empfehle Ihnen deshalb eindeutig, zunächst Aktienerfahrung in der Praxis zu sammeln, bevor Sie sich mit dem Trading intensiver auseinandersetzen. Denn fest steht zweifelsohne: Wer die Technik beherrscht, generiert durch höheren Aufwand auch höhere Renditen als mit den meisten Aktienstrategien.

Schluss

Ich hoffe sehr, dass Sie beim Lesen dieses Buches mindestens so viel Spaß hatten, wie ich beim Verfassen. Aktien sind für mich eine Herzensangelegenheit, da ich bereits als Kind den Umgang mit ihnen zumindest in Ansätzen lernen sollte, auch wenn ich gar keine Ahnung hatte, woher diese Wertpapiere eigentlich kommen und weshalb sie so wichtig für meine Eltern waren. Ihnen geht es nun glücklicherweise anders: Sie wissen mittlerweile so einiges über Aktien und sind in der Lage, Experten bei Analysen und Prognosen zuzuhören, deren Rat zu überdenken und nachvollziehen zu können, aber auch, selbst zu entscheiden, ob ein jenes Investment zu Ihnen und Ihrer Strategie passt.

Hauptziel dieses Buches ist es, Sie auf Ihr erstes eigenes Portfolio vorzubereiten, sodass Sie begründet erkennen, welche Anlagen sich dafür eignen und von welchen Sie lieber noch die Finger lassen sollten, bis Sie das Risiko einschätzen können und auch Verluste verkraften. Dafür haben Sie gelernt, wie Aktien grundsätzlich funktionieren und weshalb Unternehmen diese überhaupt ausgeben. Die Antwort kennen Sie sicherlich: Eigenkapitalbeschaffung zur Finanzierung von Großinvestitionen bzw. Projekten und nebenbei auch noch ein sicherer finanzieller Stand des Unternehmens. Logisch, denn die Eigenkapitalquote steigt, wenn Aktien ausgegeben werden, und diese gibt ja an, wie finanziell sicher und unabhängig ein Unternehmen ist.

Ich hoffe, dass meine Idee, die typischsten Fehler mit als einen der letzten Abschnitte in das Buch zu integrieren, aufgegangen ist, damit sie Ihnen noch lange im Gedächtnis bleiben. Und auch deshalb erinnere ich in diesem Schlusskapitel noch einmal daran: Halten Sie sich stets an die von mir aufgeführten Grundregeln, damit Sie langfristig Erfolg am Kapitalmarkt haben.

Weiterhin wünsche ich Ihnen, dass meine Ausführungen Ihnen weitergeholfen haben und Sie nun mit fundiertem Wissen in die Welt des Kapitalmarktes eintauchen können, speziell, indem Sie Ihr erstes eigenes Portfolio erstellen. Möglicherweise hat Ihnen ebenso der Teaser zum Trading gefallen und Sie haben Spaß daran gefunden, auch diesen Teil des Kapitalmarktes näher kennenzulernen.

Ich wünsche Ihnen – ob mit oder ohne Trading-Strategien – viel Erfolg beim Umsetzen meiner Ratschläge und hoffe, dass Sie sich schon bald an den ersten Renditen oder sogar Dividenden erfreuen können.

Notizen

Gerade als Einsteiger verliert man bei so einer Informationsflut schnell den Überblick. Doch meistens hat man keinen Block oder Zettel dabei, um sich etwas zu notieren. Ist man zuhause, hat man es oft schon wieder vergessen. Deswegen sehe ich es als sehr sinnvoll an, Ihnen ein paar Notiz-Seiten bereitzustellen. So werden Sie nichts mehr vergessen.

AKTIE	EINSTIEGSZEIT (DATUM UND UHRZEIT)	AUSSTIEGSZEIT (DATUM UND UHRZEIT)	KURSLEVEL (EINSTIEG)	KURSLEVEL (AUSSTIEG)	ANGEWENDETE STRATEGIE	KOMMENTARE

PLATZ FÜR NOTIZEN:

AKTIE	EINSTIEGSZEIT (DATUM UND UHRZEIT)	AUSSTIEGSZEIT (DATUM UND UHRZEIT)	KURSLEVEL (EINSTIEG)	KURSLEVEL (AUSSTIEG)	ANGEWENDETE STRATEGIE	KOMMENTARE

PLATZ FÜR NOTIZEN:

AKTIE	EINSTIEGSZEIT (DATUM UND UHRZEIT)	AUSSTIEGSZEIT (DATUM UND UHRZEIT)	KURSLEVEL (EINSTIEG)	KURSLEVEL (AUSSTIEG)	ANGEWENDETE STRATEGIE	KOMMENTARE

PLATZ FÜR NOTIZEN:

Quellen

https://investmentratgeber.com/geld-investieren/

https://wirtschaftslexikon.gabler.de/definition/aktie-31763

https://handeln.com/welche-arten-von-aktien-gibt-es/

https://www.youtube.com/watch?v=tedT_mOR_28&t=5s

https://der-finanzfisch.de/die-10-wichtigsten-aktienindizes-im-ueberblick/

https://www.finanzkueche.de/blog/anlageklassen

https://www.youtube.com/watch?v=3TgvUUbPVaA

https://www.youtube.com/watch?v=81tk6loDZz0&t=377s

https://www.youtube.com/watch?v=TBRhvxEMu4U&t=6s

https://www.ig.com/de/trading-strategien/groesste-boersen-der-welt-181109#information-banner-dismiss

https://www.youtube.com/watch?v=cdTdQmyb99w

https://www.youtube.com/watch?v=9rtyf5XMVAk

https://www.anleger.blog/aktien/was-beeinflusst-aktienkurse/

http://traderblatt.com/dow-theorie-klassiker-der-charrtechnik/

https://aktienrebell.de/aktienkennzahlen/

https://aktien-mit-strategie.de/strategien/

https://www.aktien-lernen.de/strategien/relative-starke/

https://www.aktien.net/fehler-aktienhandel/

https://www.youtube.com/watch?v=I7U9NxK7JBM

Wir danken Ihnen für Ihr Interesse und Ihr Vertrauen. Als Dankeschön dafür, haben wir eine besondere Überraschung. Sie interessieren sich für Investments? Dann haben wir etwas für Sie. Finden Sie heraus, warum sie so wichtig sind und was es zu beachten gibt. Das Beste: Sie erhalten diese vollkommen kostenlos. Das klingt wunderbar? Dann warten Sie nicht lange und holen Sie sich Ihr Gratis-Geschenk.

Hier geht es zu Ihrem Gratis-Geschenk:

https://forms.gle/aESYBcbhNREYXRu19

1. **Öffnen Sie die Kamera-App auf Ihrem Smartphone und richten Sie die Kamera auf den QR-Code.**
2. **Klicken Sie auf den Link, der Ihnen angezeigt wird und schon werden Sie zur Website weitergeleitet.**

Impressum

Herausgeber: Orbita Media Verlag GmbH & Co. KG / Ericusspitze 4 / 20457 Hamburg
Kontakt: kontakt@empireofbooks.de
Website: https://empireofbooks.de
Coverbild: Shutterstock